你自律的程度，决定你人生的高度

樊晓鹏 著

U0781556

台海出版社

图书在版编目（CIP）数据

你自律的程度，决定你人生的高度 / 樊晓鹏著 . —
北京：台海出版社，2019.2
　　ISBN 978-7-5168-2240-1

　　Ⅰ.①你… Ⅱ.①樊… Ⅲ.①自我管理－通俗读物
Ⅳ.① C912.1-49

　　中国版本图书馆 CIP 数据核字 (2019) 第 021158 号

你自律的程度，决定你人生的高度

著　　者：樊晓鹏	
责任编辑：徐　玥	装帧设计：末末美书
版式设计：新视点	责任印制：蔡　旭

出版发行：台海出版社

地　址：北京市东城区景山东街20号　　邮政编码：100009

电　话：010-64041652（发行，邮购）

传　真：010-84045799（总编室）

网　址：www.taimeng.org.cn/thcbs/default.htm

E-mail：thcbs@126.com

经　销：全国各地新华书店

印　刷：天津中印联印务有限公司

本书如有破损、缺页、装订错误，请与本社联系调换

开　本：710 mm×1000 mm	1/16
字　数：217 千字	印　张：15
版　次：2019 年 2 月第 1 版	印　次：2019 年 2 月第 1 次印刷
书　号：ISBN 978-7-5168-2240-1	

定　价：45.00 元

总是将"减肥"挂在嘴边，跑步却只坚持了三天；渴望着早睡早起的生活，却改不掉晚睡的习惯；发誓要按时完成的工作，却抵受不住网络世界的诱惑而被迫拖延；羡慕别人早早实现了财务自由，却将这一切归结于幸运……

"明明知道但改不了"的坏习惯充斥了我们的人生，以至于生活变得越发混乱、盲目、无秩序，乱作一团。这一切都是因为我们不够自律。

不自律，像充溢着毒气的"糖雾"，迷惑我们的视线，麻痹我们的神经，给我们一时的快乐。同时，它也正一点点侵蚀着我们的心智、外貌，甚至是人生。

谷歌高级工程师马特·卡茨曾给自己定下一份名为"30天改变"的计划。这份计划将所有他之前无法坚持的事情都罗列了进去，比如说，每天步行10000步；每天拍一张照片；每天骑单车上班；不看电视，不玩Twitter；拒绝糖、咖啡因等。坚持了整整30天后，让周围人吃惊不已的是，曾经那个肥腻、总是蔫头蔫脑的宅男工程师变得清爽、活泼起来。马特第一次感受到自律的魔力，原来选择了自律，就是选择了一个更好的自己。

我们身边那些真正的优秀的人，有哪一个会对自己放任自流？正因为他们从不"外求于物"，从不以享受为人生的唯一目的，才能提前将一切诱惑消除在萌芽的状态中。

更可贵的是，每一个自律的人，都有着异于常人的情绪自控力。"怒不过夺，喜不过予"，源于他们内心深处的自信与魄力。当然，没有人天生就能控制情绪，而成熟、自律的人却懂得利用生活中的一切坎坷、艰辛和不如意来磨炼耐性，坚定意志。

想知道一个人是否自律，最直观的方法是观察他的外表。如果他身材匀称、健硕，体态优雅，肤色清洁，精神奕奕，一定是一个爱好健身、十分懂得管理自己的人。当你学会克制自己，用丰富缜密的日程表来控制生活，用果断干脆的行动力来决定人生的时候，你会变得越来越强大。

这种预见清晰、有条不紊的生活状态是自律人生的真实写照。记住，亮剑只需一瞬，磨剑却需一生。命运用来区分普通人的，从来不是某个机缘，而是你正在做的某件事。当你用朴素平凡的每一天来书写这份答卷的时候，时间最终会告诉你，属于你的巅峰在哪里。

本书以客观的视角从时间规划、目标计划、财富认知、事业成就、情感世界等多个方面详细剖析了自控力差的原因、后果及解决方法。当你阅读本书时，你会充分地感受到不自律的人生究竟有多可怕；而扛得住干扰、顶得住压力、抵得住诱惑的人生又有多精彩。

目 录　CONTENTS

目 录 CONTENTS

目 录　CONTENTS

目 录　C O N T E N T S

目录　CONTENTS

第一章

你自律的程度，决定你人生的高度

你想要的高度，源自今日的自律

萧伯纳说："自我控制是最强者的本能。"当我们每日沉浸追剧、刷微博、打游戏等休闲放松的活动中时，大脑会传递出"舒服"的信号，并自动将这种感觉延长。生活中大多数人会习惯性地选择这种轻松快乐的感觉，对学习、工作等不易达成的事感到痛苦，于是就会逃避痛苦，将潜在的辛苦、疲惫抛诸脑后，继续贪图眼前的舒适安逸，舒服一天是一天。然而，少部分强者会选择走出舒适区，不屈从大脑发出的痛苦信息，自发地约束自身的行为，严于律己，挑战自己，战胜惰性。

自律的意思是在无人监管的情况下，遵守法度，自我约束。事业有成的人一般都拥有自我约束的性格，乔布斯、扎克伯格、比尔·盖茨他们都保持着自律的生活，不会任由自己的惰性凌驾于行动之上。因为他们深深明白，自律意味着牺牲某些东西，而牺牲的这些东西能获得更多的人生财富。如果你想要收获精彩而充实的人生，先得做好这样的准备。

那一年，她才23岁，QQ空间和新浪博客是她写作之路的起点。写自己平凡的生活，写零散的工作体会。因为挚爱文字，无论路有多难走，她都咬牙坚持了下来。

当她的文章第一次被放上新浪的首页推荐阅读的时候，有人怀疑她动用了工作上的媒体资源。还有人曾开玩笑问道："你每天下班那么晚，哪有时间写作，是不是偷懒怠工呀？"

对这一切的疑问，她很委屈。他们根本不知道，她认识的媒体资源有限，写作题材更是与她的工作毫无交集。面对本职工作，她勤勤恳恳，和所有同事一样，几乎每天都需要加班。

然而，当同事们纷纷进入香甜梦乡的时候，她却顶着黑眼圈，坐在电脑前，日复一日地敲打着那些凝结在胸的文字。她规定自己，每天必须完成2500字，无论多累多辛苦。

七年来，她每天坚持写作。即使工作了，不管是否加班，每天下班后都在坚持写作。她坚持不懈的努力，终于有了回报。26岁那年，她的游记作品掀起一阵风浪。27岁那年，她出版了第一本关于职场的书。28岁那年，她出版了自己的第四本书，得到了业内的一致好评。

2015年，她迎来了人生中第一个小宝贝。然而她坐月子的时候，依旧利用空闲时间坚持写作。她，就是豆瓣小红人"一只特立独行的猫"。

多年来，"一只特立独行的猫"将写作这件事情变成了一个无比自然的习惯。这份常人难以企及的自律让她从一个懵懂稚嫩的小女生慢慢强大起来，而她的人生，也因写作而愈发充实、精彩。

有人一直嚷嚷着减肥，结果越减越肥；有人特意买了个kindle，发誓要增加阅读量，结果没过一个星期，kindle便被丢到了角落里，如今已落了厚厚一层灰。

为现状焦虑不已，却又没有毅力控制自我人生的人比比皆是。他们会骂自己懒，周围的人也会为他们打上"不求上进"的标签。然而，他们再怎么憎恨自己，想要坚持的事情始终坚持不下去。他们混迹在人群里，备感煎熬，却始终无法改变现状。

如果你也是这样的人，请明白一个道理，唯有自律才能拯救你的人生。王小波曾说过："人一切的痛苦，本质上都是对自己无能的愤怒。"自怨自艾纯粹是在浪费时间而已，不如将自律的信条深深刻印到骨子里，听从它的"指示"行事。只因自律是解决人生痛苦的根本途径。

自律的人到了关键时刻，从不忘主动推自己向前奋进。大部分情况下，"不自律"的代价短期内是看不到的。所以我们总是一边信誓旦旦地发誓，一定要开始改变，一边又将行动的日期推至明天。所以说，想自律就要时刻抱有居安思危的意识。

不想往前走的时候，看到路面正在坍塌，你再懒得提起脚步也要逼自己跑起来。想要偷懒的时候，"残忍"地推自己一把，才能让自己大步迈入未来。

自律成就了太多人的梦想。古往今来，多少人因自律而收获了一份欣欣向荣的事业，一段精彩绝伦的人生传奇。

明代大学士徐溥是个极度自律的人。

徐溥从小便性格稳重，不喜玩闹。他在私塾读书之时，向来是最认真的那个孩子。有一次老师发现徐溥从口袋中掏出一本小书。他以为徐溥在看闲书，面露不悦。

老师悄悄走近，一把夺下那本小书，翻开才发现原来这是徐溥自己手抄的一本儒家经典语录。看着那整整齐齐的字迹，老师大加赞赏。

徐溥为了检视自我言行，特意效仿古人在书桌上放了两个瓶子。一旦心中产生善念，或者做了一件好事，他就会往其中一个瓶子中投入一粒黄豆；一旦他口出恶言，或者行为不慎，就会往另外一个瓶子中投入一粒黑豆。

一开始，黑豆明显比黄豆多得多。徐溥没有气馁，日常生活中，他不断约束自己，时刻谨言慎行。后来，黑豆的数量越来越少，黄豆却几乎装满了整个瓶子。

徐溥一边刻苦读书，一边修炼自我品德，终于在科举中大放异彩。之后他入朝为官，依然延续着高度自律的好习惯，终于成为一代名臣，为后世所铭记。

每一个人都有梦想，然而梦想的高度，不是那么轻易能到达的。梦想的旅途充满艰辛与坎坷。不自律的人往往意志力薄弱，注意力涣散，每件事做到一半就放弃。足够自律的人，严格要求自己，精心计划好要做的事，并督促自己按时按量完成，为自己一步步打造通往梦想的阶梯。

自律与不自律的人生，相隔千里万里。如果不甘接受庸碌无为的命运，那么请从今天开始自律，为自己的人生好好奋斗一次。

"慎独"是为人的最高境界

有人说，最隐蔽的东西最能反映一个人的品质，细微之处反而能将这个人的灵魂看得透彻清楚。而一个人只有在独处时，才会如实表现出自己的道德修养及人生态度。这是自律"慎独"的体现，也是为人的最高境界。

曾有一个秀才为了赶上科举考试，日夜兼程，风尘仆仆。路上，正当他又饥又渴之时，前方突然闪现一片桃林。熟透的桃子挂在枝头上，显得极为诱人。秀才顿了顿，目不斜视地穿过桃林，大步流星地向前迈进。

同行之人好奇地问道："怎么不摘个桃子解解渴？这点小事不算什么。"秀才却义正词严道："事情虽小，影响重大。桃李无主，我心有主。"

无独有偶，东汉也有一个"暮夜无知"的故事，说的是"关西夫子"杨震就任荆州刺史时，向朝廷举荐了才华出众的王密。王密被朝廷重用后，对杨震十分感激。一天夜里，他拜会杨震，向其送上10两黄金以表谢意。杨震拒而不收，王密低声道："黑夜里，无他人在你我身边，也就无人知晓这件事，您就收下吧。"

杨震斥责道："你送黄金给我，天知地知你知我知，怎说无人知道呢？况自古以来，君子慎独，怎能以为无人知道就做出违背道德的事情呢？"

王密惭愧至极，讷讷不敢言。

这都是历史上关于"慎独"的经典故事。"慎独"一词出自儒家著作《礼记·中庸》一书，书中有这样一句："莫见乎隐，莫显乎微，故君子慎其独也。"

这里的"慎"是小心谨慎的意思，"独"有独处之含义。这句话指的是：慎重行事，时刻保持清醒。

"慎独"实际上是说，不靠别人监督，能自觉控制自己，乃至掌控人生。这堪称最高级别的自律。能做到"慎独"的人一定有着极为坚定的信念，为人处世始终保持清醒的头脑，知道什么该做，什么不该做。

孟子曰"君子慎独"。南宋理学家朱熹解释："独者，人所不知而已所独知之地也。"曾国藩曾总结自己的处事经验，写下著名的"日课四条"：慎独、主敬、求仁、习劳。

无论是孟子、朱熹还是曾国藩，都有着极其严格的人生追求。这种"慎独"式的价值取向使得他们走上了自律、自省、自强的人生之路。

以"慎独"要求自己，以形成自律的第一重境界：言行如一。《论语·为政》中记载了这样一段对话，子贡问孔子："老师，怎样才能做一个君子？"孔子回答："先行其言，而后从之。"意思是说，先去实现你想说的，之后再将它说出来。

有的人做事之前总是夸夸其谈，之后却一再违背誓言，更不断拿借口来搪塞别人，糊弄自己，这便是极度不自律的表现之一。

柯云见自媒体越来越火热，便也申请了一个微信公众号，方便自己写作。第一篇文章刚发送出去，他便将这件事告诉了自己的亲朋好友，吆喝他们为自己的公众号点赞，留言。朋友称赞道："柯云，你真行，我下班后就想躺着，你可比我们上进多了！"

以前的老师也点赞说："文采不错，为你点个赞！继续加油哦。"柯云将这些赞美照单全收，在好友群、班级群里谈起了自己的规划："首先，我会坚持练习，笔耕不辍，逐步提升自己的写作能力。然后我要将这个公众号运营走上正轨，让流量越来越高！"

然而，柯云夸下海口后却迟迟懒得行动。见柯云的第二篇文章迟迟没有上线，朋友在群里催促起来，柯云却解释道："这几个月都在加班，实在没时间。"之后，柯云又在群里广而告之各位亲戚朋友，他将针对某社会热点问题制作一个专题。然而，一连两个月过去了，他口中的"专题"却始终不见踪影。

有人开玩笑道："柯云你别糊弄我们啊。"柯云却委屈道："专题不是那么好写的，我要查阅更多的资料，力求严谨。"

他只顾说大话却没意识到，自己公众号上的粉丝早已悄悄跑光了。

太多的人习惯于高谈阔论，却懒于行动，这是不自律的行为。另外一些人却能言出必行，即便处在无人监督的情况下。你要记住，言行不一的人注定一事无成，待真正完成了事情再将成果告诉别人。

以"慎独"要求自己，以形成自律的第二重境界：不忘初心，始终如一。无论做任何事，贵在一个"恒"字。千里之行始于足下，说的就是这样的道理。

大文豪巴尔扎克几乎每天都会在稿纸上耕耘十六七个小时，即使累得手臂酸疼也不肯放弃。国画大师齐白石每日都坚持作画，从不轻易间断。85岁那年的某一天，他一连画了四幅画后，特为昨天补了一幅，题字道："昨日大风雨，心绪不宁，不曾作画，今朝制此补之，不教一日闲过也。"

长久的"慎独"，靠的是"十年如一日"的定力，靠的是坚持不懈、持之以恒的劲头。越是细微处，越是无人时，越要保持着以往的作风，从始至终不忘初心，如履薄冰谨慎前行，这才是为人的最高境界。

如何过一天，就如何过一生

人的一天好比一生的缩影。当你深陷在颓废的生活模式中却懒于挣脱，在不知不觉中你的半生已悄然溜走。

想要过好这一生，其实并不难，珍惜现在，过好每一天即可。从现在起，认真做好当下的每一件事，努力让每个平凡的日子都过得精彩而充实，等你回首往事时，才不会觉得后悔。

女孩进入北京师范大学英文系，迎来了大学期间的第一场英文摸底考试。成绩出来后，女孩沮丧极了，她的成绩排名位于全年级倒数。

那时候，女孩的梦想是成为一名优秀的外交官，而这次的英语测验却让她瞬间意识到，自己与梦想之间简直差了"十万八千里"。女孩思来想去，决定将这"十万八千里"的路程分摊入每一天，她发誓要努力过好每一天，一步一步朝着梦想迈进。

从那以后，女孩每天5点按时起床，简单洗漱后便夹着书本悄悄走入教学楼前面的一片小树林里，勤奋地背单词，练习口语。

白天上课的时候，女孩更是认真至极，笔记做得一丝不苟。下了晚自习后，她会一个人偷偷学习到深夜。她整整坚持了一个学期，等到期末考试的成绩一出来，所有人都惊呆了，她竟成了那一年度北师大英文系的第一名。

女孩找到了坚持下去的动力。在她整整坚持了1000多天之后，她参加了APEC全国英文演讲比赛，成功拿下第一名。她的人生从此改变。

这个女孩就是张萌，极北咖啡、下班加油站的创始人。她将早起的习惯一直坚持到现在，并始终信奉：过好每一天，就能过好这一生。

有人说，世界上最难的事情不是中彩票，而是日复一日、年复一年地将一些事、一些好习惯坚持下去。普通人太容易半途而废，浅尝辄止。没有计划的做事情，不记得上周甚至昨天具体做了什么，有什么收获；买来的学习视频都过了期，想看的书都压在了箱底；越来越相信自己是一个烂泥扶不上墙的失败者……

追逐"今朝有酒今朝醉"的人会将每一天都过得混沌不堪，他们是在透支未来的幸福。如果你想做出改变，先抛弃那些不切实际的梦想，将目标调整为：充实地度过每一天。

为了理清思路，首先，整理出未来半年或一年里你最想做的事情，将它们用笔写下来。写的时候不用顾虑自己究竟能不能实现，大胆一点，将它们一一列出来。

比如说，考驾照、背诵诗词、练习英语口语、准备四级考试等。估算一下你完成它们需要多长时间，分配好每一天的时间，并匀出特定的时间来学习。

尤其要注意的是，罗马不是一天建成的。与其一天学习三五个小时，从第二天起便将书本丢到一旁，还不如每天都只学习一个小时，将它日复一日地坚持下去。

其次，与自己身上的坏习惯做抗争。有的人晚上聊天、追剧至深夜，第二天只能顶着浓浓的黑眼圈，打着哈欠做报告，让上司皱眉不已；有的人纵使办了健身卡，却宁愿和损友们聚在一起喝啤酒"撸串"，也不愿去健身房锻炼，结果身体素质越来越差……

想要每天都精神饱满，首先要做到早睡早起，坚持锻炼，这是规律生活的第一步。在现代人的生活中，晚睡是个大问题。没有充足的睡眠，一定会对第二天的工作状态有所影响，这无疑是一个恶性循环。

根据自己的生物钟，制订"早睡早起"计划，不要让自己的时间白白流失在深夜，也不要错过清晨的阳光。平时要坚持锻炼，这既能增强体质，又能帮助我们提高耐力。

最后，享受学习的乐趣，更享受平日生活里的点滴进步，将每一日都规划得井然有序。剩下的交给时间，它会给你一个想要的未来。

新东方人气教师艾力因一档综艺节目爆红，他身上凝聚着很多关键词："励志""自控力""34枚金币时间管理法"等。而他的奋斗之旅给人留下了深刻的印象。

曾经的艾力，是一个重达184斤的大胖子。在与朋友立下那个改变一生的赌约之前，他一直过着舒适却混乱的生活。然而，当他立誓要在一年内减重40斤并练出六块腹肌的时候，他知道自己再也不能持续以前的生活习惯了。

艾力彻底地改变以往的作息时间，日复一日地在健身房、操场上挥洒着汗水。一年后，他成功地甩去了一身的肥肉，练出了六块坚硬的腹肌。这件事让他第一次领略到自我管理的重要性。成名后，有记者问："你本科阶段就成为新东方最年轻的集团演讲师？"

艾力点点头，补充说："那一年我24岁。"他将自己成功的原因总结为"日复一日的坚持和努力"。并强调，"我自己希望每天过得充实高效一些，每天对所有人来说都是24小时，你的精力是要百分之百花完的，如果花在非常无序的混乱当中，还不如花在有序的规划当中。"

后来，艾力总结出"34枚金币时间管理法"，原理很简单："早上7点起床，晚上12点睡觉，17个醒着的小时，按半小时划分，将时间分为34块，就有了34块金币。"在他看来，将每一天都过得充实而高效，是走向成功的不二法门。

"混"过一天又一天，你想要的生活只会与你越来越远。而将每一天都当成新的起点，平衡好每一天的工作与生活，日复一日，积少成多，不需多长时间，你就会蜕变成全新的自己。将这种坚持与自律刻入骨子里，它能让你终身受益。

慢慢毁掉你的，是你的将就与凑合

但丁说："别人后退，我不退；别人前进，我更进。"行走在人生的旅途上，很多时候，你退缩一次，剩下的人生里便只剩下退缩了。你若将自律刻在了人生之初，一路昂扬奋进，勇往直前，迟早会抵达梦想中的未来。

记住，一旦选择了退而求其次的生活，便只能将就、凑合过完这一生。趁现在还有机会选择，千万别凑合。

某大学大四学生李静在导师的指点下，开始准备毕业论文。李静自觉自己的开题报告的内容过于宽泛，怕自己不能胜任，便在课后拦住了导师，忧心忡忡道："老师，我的题目是否过于宏大？这方面的内容太艰深了，对于我这样的学生而言，恐怕很难顺利完成。"

导师分析道："你的开题报告写得很好，看起来你平时没少下功夫。你再继续研究下去，最后的成品可能很惊艳。"

李静皱眉道："这对我而言太难了。我想换个更容易的内容，把握也大一点。"

想不到导师居然发起火来："还没开始做，就退而求其次，习惯了这一套，以后你在社会上怎么立足？做任何事前都要把目标定得高一点，不要将就，更不要凑合。"

与其弯腰捡地上的烂果子饱腹，不如努力踮脚去摘取树上鲜艳欲滴的新桃。

多少人读书的时候，成绩平平淡淡，从没想着再向前进一步，认为凑合考个大学就行。毕业后也没想着继续深造，或者争取更有发展前途的工作，觉着能养活自己就行。我们习惯差不多的生活时，这无数个"差不多"累积在一起，我们和别人的差距便越拉越大。

哈佛校长德鲁格·福斯特曾在某次毕业典礼上发表演讲称："不要因为没有停车位就把车停在距离目的地20个街区的地方。"她告诉我们，要牢记对于我们而言高得不可能再高的期望，因为那如北极星一般的期望能指引我们到达梦想中的彼岸。

这著名的"停车位理论"是在告诉我们：永远不要向现实低头，不要将"将就"和"凑合"视为人生的座右铭。当你无比执着于山顶的风光时，最差也能坚持到山腰；当你将目标定为山腰时，你很有可能赖在山脚下，在纠结和犹豫中将半生光阴白白蹉跎。

一个不将就的人一定知道自己心目中最渴望的是什么，他会努力去增值自己，让自己配得上美好的生活。而围绕在你我身边的大多是这样的人：过着糊里糊涂的生活，不清楚自己的定位，也不明白自己的未来将会是什么。他们嘲讽自律的意义，等到梦寐以求的机会砸到自己手上的时候，才尝到后悔的滋味。如果你也是这样的人，请扪心自问：我想要的究竟是什么？

一个不将就的人，是不会盲从于他人的意见和态度，会倾听自己内心的声音。很多时候，你的将就和凑合是受了他人影响。

闺密说女孩子不用太拼，太自律的人生只会苦了自己。于是你早早地丢弃事业心，上班只顾"划水"，下班后只知道和朋友们逛街、聊八卦，脑袋变得越来越空。

你一次次将就、妥协、凑合，于是慢慢被同化，直至最终加入平庸大众的队伍中。若不想被这些负能量毁掉人生，就不能给自己的人生设置上限。你要过的是"上不封顶"的一辈子，若是一次又一次地丧失底线，你在乎的人、事、物最终将离你而去。

王尔德说："我们都在生活的阴沟里，但仍有人仰望星空。"你越是逃避，就越是碰壁。你为人生制定的目标越低，能得到的回馈就越少。与其如此，不如做一个自律的人，在黑暗中为自己点燃灯火，满怀希望地活在当下，无所畏惧地拥抱未来。

你的想法很多，但只停留在嘴上

每个人都有很多想法。区别在于，有的人能自觉地将这些想法逐一落实到行动上，而有的人却仅仅将它们挂在嘴边，只是随便说说罢了。

有人说，梦想一旦被付诸行动就变得神圣。例如，暗夜中的萤火虫，只有用力地扇动翅膀，才能聚拢起一汪黄橙的亮光；冷风中的寒号鸟，只有立即去搭窝，才能免于被冻死的结局。对于普通人而言，列好目标和计划就去行动，千万不要满足于当空想家。

史磊本科毕业后，准备去美国留学。当生出这个想法的那天起，他就发起了朋友圈，嚷嚷得人尽皆知。他将这话足足说了半年，可是连手里的几份留学材料都没准备齐全。

而他的同班同学肖明早已选定了心仪的学校，默默做起了准备。不久，他收到了加州一所大学的录取通知书，于是不声不响地飞到太平洋彼岸，开始了自己的留学之旅。

史磊在一家互联网公司工作了好几年，他一直对身边的朋友抱怨这份工作工资低，晋升渠道窄，想要离职创业。身边人早已听惯了他的"誓言"，却一直没把这话当真。

然而，30岁那年，史磊却通过班级群得知了一个消息，肖明在美国读完博士后便回国创业，前一阵刚刚拿到天使轮融资。他心里顿时冒起了酸水……

年底的同学聚会上，有同学问肖明："你混得这么好，咋不在朋友圈里晒晒？"

肖明却笑道："做事之前，得沉住气。很多想法，你和别人说着说着，就跑得没影儿了。"不远处的史磊听后心里却不是滋味。

也许你自己或者身边的人也曾有过这样的经历：总嚷嚷着要去周游世界，实际上签证都没办好；在朋友圈里"宣告天下"要重新捡起英语，谁知仅仅打了两天卡便丢在了一边；向别人秀马拉松的报名表，真的到了比赛的那一天却躲在家里吹空调……

普通人之所以沉溺于空想，却拒绝去行动，原因有很多。首先，可能是认知偏差效应在作怪。比如说，有个人在工作中犯了一点小错误，他脑中顿时涌现出无数个念头，大部分都在贬低自己，放大错误。他甚至会因此对自己的工作能力产生质疑。

实际上这个人的工作表现一直很不错。然而，这一个小失误却引起了一系列的负面效应，他可能因此而否定自己。这种现象被心理学家归类为"认知偏差"。产生认知偏差的主要原因是自动化思考——即人类在无意识的情况下产生的思考。

研究表明，自动化思考大部分都是负面的，它会将我们推向认知的误区，从而做出错误的判断。我们总是有很多想法，并企图用意志来控制自己。但是普通人的意志力极容易"崩盘"，这是我们屡战屡败的原因。恶性循环至一定的程度后，一些人干脆放弃了行动。

想要走出这怪圈，先得想法消除认知偏差带来的负面影响。行动之前别想太多，行动的过程中别只因为一点小失误就情不自禁地怀疑人生，乃至全方面地否定自己。

如果今天的计划没有按时完成，一味沉浸在后悔、自责中是在浪费时间，自暴自弃更是对自己最大的不负责任。不如先好好休息，为全新的明天做准备。

拒绝行动的另一个重要原因是害怕失败。很多人在行动之前会列好无数方案，恨不得将所有情况都考虑进去，但是却不愿意立即投入行动。他们总是在某个必要的选择面前犹豫不决，害怕这个选择会给自己带来难以挽回的损失和伤害。

根据行为经济学可知，已经投入但无法回收的成本被称为"沉没成本"。很多人对"沉没成本"是怀有抵触心理的，他们无论做何事都会力求胜利，尽可能地降低失败率。正因现代社会对失败极不包容，所以普通人行动之前总会顾虑良多，慢慢便成了空想家。

实际上，失败并不可怕，它是你成长的必经之路。与其害怕收不回成本，害怕承受失败的打击，不如勇敢地去尝试，勇敢地接受现实的锤炼。正如雷军所言："有梦想是简单的事情，关键的是要有将它付诸实践的勇气。"

你要明白，机不可失，时不待人。老是空想，磨蹭，犹豫着不去行动的你，只得一次次与人生中的机遇失之交臂。

哈佛大学的王安博士说，6岁的时候，他迎来了人生中最大的教训。那一天，小王安正走在一棵大树底下，一个鸟巢突然掉落到他的头上，将他吓了一跳。王安定睛一看，鸟巢里滚出来一只小麻雀，正叽叽喳喳地叫唤。

王安小心翼翼地将麻雀放在自己的掌心上，目不转睛地观察着它。只见小麻雀一双眼睛滴溜溜地转，十分可爱。王安很喜欢小麻雀，将它放在鸟巢里一起带回了家。

走到门口的时候，他突然犹豫了。原来母亲一直禁止他在家中养小动物，想到母亲严厉的样子，王安不由得担心起来。他将鸟巢挂在门后，大步走进屋内，将这件事告诉了母亲。他不停哀求母亲，看着他可怜巴巴的样子，母亲只好点了点头。

王安开心地笑起来，他一蹦一跳地来到门后，捧起鸟巢，却惊讶地发现，鸟巢里的小麻雀早已踪影全无。王安看了看四周，发现不远处一只黑猫嘴里正在咀嚼着什么……

从这以后，王安变成了一个彻头彻尾的行动派。他为人生设置诸多的目标，并奋力前行，遇到失败毫不气馁，越挫越勇，最终成为一代"电脑大王"。他曾说过这一生最不喜欢优柔寡断的人。只有行动才是滋润人的养料，而一味将梦想挂在嘴边的人注定会失去成功的可能。

弱者拒绝变化，强者欢迎改变

日本美学大师松浦弥太郎说："世界在变化，为了维持自己的本色，我们不得不成长。"这即是说，在变动不居的世界里，为了保持不变，改变是必要的。

"变化无常"可以说是人生的一个重要问题。面对生活中的种种变化，弱者要不哭天抢地怨天尤人，要不故步自封拒绝改变。当同样的问题考验强者时，强者毫不畏惧生活里发生的变化，并勇于接受它。因为他们明白，做一个故步自封的人，迟早会被这个社会所抛弃。

有一次，大卫见一家著名的公司正在招聘网络维护人员，便精心准备了一份简历，投递给这家公司。大卫对面试并没有足够的把握，因为从毕业以来他一直从事软件设计行业，并无网络维护方面的工作经验。不过，让他喜出望外的是，他居然被HR选中了。

进公司后，大卫努力学习着新的岗位技能，不断向同事讨教经验。下班后他总是一头扎入自己的房间，孜孜不倦地研究着专业知识。他逐渐成为同一岗位员工中的佼佼者，两年后他升任主管，工资翻了几倍。

后来，大卫见设计部的某位同事辞职了，便琢磨着想调到设计部工作，重回老本行。朋友劝他道："你们公司设计部人才济济，在这个城市里都赫赫有名。虽然你能力也不差，可是与这些名校毕业的设计人才们比起来，还是有差距的。"

另一个朋友道："你好不容易当了主管，生活也稳定下来，何必去折腾呢？"大卫却摇摇头，不为所动。从第二天起，他在做完分内工作的同时，会去设计部帮助其他同事分担设计任务。一开始，他只是打打下手，渐渐地，他开始接触起核心的软件设计项目来。

坚持了一年后，大卫被老板调去了软件设计部，他逐渐成长为独当一面的设计人员。而他之前所在的网络维护部门却因经济危机遭到精简，只剩下三名员工……

生活总是处于变化之中，不以个人的意志为转移。弱者无法应对无常，于是蜷缩在所谓的"舒适圈"里，始终拒绝变化。然而，你若一直拒绝改变，世界总有一天会拒绝你。

仔细观察身边的强者，你会发现，他们不但从不拒绝改变，反而千方百计，寻求着一切改变的机会。同时，强者的自律又令人惊叹。他们能持续工作到深夜，为未来积蓄着资本。他们即使工作稳定，也会不间断地参加一些能提升职业技能的培训课程。面对未知的挑战，他们积极寻找应对方法，思考如何解决它们，而不是去担忧失败的后果。

主动寻求变化的强者，毕竟是生活中的少数。大部分人总是眷恋"舒适区"的安逸。然而，目前的舒适与安逸，极有可能是生活为我们铺设的"定时炸弹"和"温柔陷阱"。

作为普通人，要赶在变化到来之前，随时做好走出"舒适圈"的准备。你要时刻保持警惕，千万别让一时的安逸腐蚀掉你的危机意识。你要尝试着打破目前的安逸假象，努力寻求改变。只有将人生当成一场修炼，才能迎接一个更好的自己。

如果你是懒惰的人，从今天起改掉身上的那些坏习惯。如果你是职场新人，努力去适应新的环境，找到晋升的渠道。如果你是基层管理者，不要满足于目前的小小成就，加强管理技能，为未来寻找更多的可能。

那么，在变化突如其来的那一刻，我们又该如何应对呢？我们可能会抱怨，会哭泣，会躲起来，否认事实的发生。这样做的你，不久就会发现，这一切都不能改变它的发展。你必须第一时间收拾好情绪，认清事实，坦然接受，冷静地寻找解决问题的办法。

如果你总是在纠结逃避，沉浸在痛苦中无法自拔，情况只会变得越来越糟糕。

李晴是某大学日语系的优秀毕业生，毕业后，因为种种原因，她始终找不到日语相关行业的工作。为了能在这个城市里立足，她只得放弃本专业工作，进入一家互联网公司做起了客服。工资虽不是很高，却让她的生活渐渐稳定下来。

李晴在客服的岗位上一待就是三年，期间她也想过辞职去找更好的工作，可是一想到以往那段来回奔波于人才市场的痛苦经历，她不禁害怕起来。周围同事的学历都比她低，大家下班后只知道吃喝玩乐。在这种环境中，李晴也放弃了努力。渐渐地，她对日语也生疏起来。

后来，大学同学介绍她去一家日企公司工作，李晴却苦笑道："就我目前这水平，估计做不了几天就得被人炒鱿鱼。"见她逃避的样子，同学摇摇头，深感可惜。

斯宾塞·约翰逊在其著作《谁动了我的奶酪？》中写道："生活并不会遵从某个人的愿望发展。改变随时有可能降临，但积极地面对改变却会让你发现更好的奶酪。"

弱者总是安于现状，沉溺于眼前"奶酪"散发出的浓香中，不思进取，坐吃山空。强者却总在积极寻找更多的"奶酪"，为更好的生活做出更多的改变。当选择的机会摆在你面前的时候，你会选择成为强者，还是弱者？答案不言而喻。

自爱的人，才能保持自律的心

我们常常会发现，越是优秀的人，越能将自己的生活打理得井井有条。他们妆容精致，举止优雅，以饱满的精神应对每一天的机遇和挑战。哪怕面对的是生活中的坎坷和挫折，他们也自信满满，以层出不穷的方法和计划来应对。

面对这样的人，首先，你的直观感受一定是：他们很懂得爱自己。其次是：他们也太自律了吧。实际上，层级越高的人，越自爱，而越是自爱的人，越能保持高度的自律。

如果你看过相关成功人士的传记，你会为他们那股认真的劲头而惊叹。他们珍惜时间，珍惜生命中的每一个可能性，他们推崇自尊、自爱、自律的人生态度，也因此创下了一番事业。

苹果公司CEO库克每日凌晨4点半起床，他先花一点时间处理工作邮件，然后雷打不动地去健身房锻炼。等员工们睡眼惺忪地来到公司，迎接他们的是库克极富感染力的微笑；美国前总统奥巴马对自己的身材管理极其严格，他每天都会抽出45分钟来运动，纵使他身兼国务重担；2016年间，Facebook创始人扎克伯格每天坚持跑满一英里，每个月都会阅读两本书。同时他努力学习中文，整整坚持了一年。

成功人士过的都是比普通人要忙碌得多的生活。可是他们深知，这些好习惯是提升自己、保持良好状态的不二法门。这是他们能毫不费力坚持下去的原因。

所有的自律都源于自爱。一个毫无自爱意识的人会认为自律不过是一种束缚，甚至是一种自虐。在意志对抗欲望的过程中，不自爱的人会感到痛苦，容易向一时的挫折缴械投降。所以说，只有发自内心地爱护自己，你的自律才有意义，才能持之以恒地坚持下去。

每个人的面容上，都凝缩着他们生活的剪影。昼夜颠倒、作息紊乱的人往往蓬头垢面，精神极差。充满负能量的人往往佝偻着腰背，眼神里充满着怨气，让周围人不敢接近。而自律自爱的人全身上下萦绕着积极的气息，好像人生永远处于他们的掌控之中。和这样的人相处，总有一种如沐春风之感。好运也总是更青睐于这样的人。

自爱是自律的前提。在现实生活中，很多人因为受了外界的刺激，在自厌心理的作用下才开始自律。有的人看到别人打篮球的时候身姿潇洒，等到自己驰骋于球场之时，才惊恐自己的身体素质和篮球技术如此之差。反省之后，觉得自己如此差劲，想改变现有状况，就疯狂地练习篮球。

有的女孩看见别人身材姣好，袅袅婷婷。反观自己，顿时悲哀地发现自己臃肿得像个冬瓜。越看越觉得自己不堪入目，所以疯狂地节食、运动。

当自厌成为自律的原动力时，短期内确实能看见一些成效。因为只有讨厌现在的自己，才会梦想着能遇见更好的自己。然而，笼罩在自厌阴影下的种种自律行为，无疑会让你痛苦至极。因为你对别人的目光太过关注，远远多于关注自己。

如果你能将放在他人身上的目光转移到自己身上，和内心的信念握手言和，你一定会加倍自律起来。这就是自爱能产生的力量。自爱加持下的自律会让你心甘情愿地遵守规则，主动地寻求积极向上的生活。因为世界在你眼里，是美好的。你始终相信，未来将璀璨至极。

自尊自爱能产生源源不断的正能量，这时候，你又何必选择"苦大仇深"的生活？只有爱自己，才对得起曾付出的那些努力。

一次聚会中，朋友问王迪："你为了将自己变得更好，曾对自己做过的一件最狠的事情是什么？"王迪思考半晌，回答："大概是高中的时候，为了减肥，我曾有十天不吃不喝，每天不停地灌凉水，还是饿得前胸贴后背。"

朋友好奇地追问："后来呢？"王迪答："后来我晕倒了……醒来后恨不得把桌子都啃了。"大伙哄堂大笑。

王迪若有所思，又道："对了，这还不是最狠的。记得刚参加工作的时候，我整颗心都放在工作，对饮食方面很不注意，三餐从来不按时吃，怎么方便怎么来。后来有一天上班我胃疼得厉害，被同事紧急送去了医院。"

王迪沉陷在往事之中，又道："还有一次，我加班到深夜，冒着大雨赶回家，图省事直接冲了个凉水澡，结果一连感冒了好几天……"

王迪说着说着，早已泪流满面。大家也安静下来，听着她喃喃自语："现在的我，因为长期熬夜，身体早垮了。手脚长年冰凉，胃也受到了不可逆的损伤，每年都得吃大把的中药调理。我努力想把自己变得更好，却没有真正地爱惜过自己……"

把自己变得更好之前，先好好爱自己。"非人"的自律也许能暂时缓解你内心的焦灼感，却无法带给你长久的安全感。当一个人感受到了爱，找到了自己存在的价值和目标时，他会将"自律"这件事当成生命中理所当然的一部分。所以说，自爱才是自律的核心。

自爱才是你生命热情的来源。那些难以将自律坚持下去的人，或者咬着牙自律的人，请放下内心的执念，学会关心自己，爱护自己，这样才能从自爱中获取积极向上的原动力。

幸与不幸的背后，是看不见的自律与否

如果说性格决定一个人的命运，那改变命运之前，必须先改变性格。改变的关键，在于你是否拥有超强的自律。拥有超强的自律是成功者共同的特质。生活中普普通通的人，想要让生活变得井然有序，工作变得更加出色，首先你得把自己的生活管理得井井有条。否则，没有高效的自我管理，在欲望、压力、诱惑下，我们的行为可能会失当，甚至失控。

我们在研究成功者时，往往习惯专注于他们的行为、天赋、背景、资历，甚至是人际关系等。其实这都是很表象的东西，而深层次的原因是：他们拥有超强的自律。

那什么是自律？

很多人会简单地理解为自我约束，准确地说，自律就是自我控制的能力。即指一个人能自觉地、有意识地控制自己的情绪，支配行动的能力。这是自律的重要体现。

自律主要表现在这么两个方面：一是约束、规范自己的行为，提醒自己去做该做的事情；二是善于抑制自己的欲望，让理性战胜情感。

在生活与工作中，自律无处不在，也无时无刻地影响着我们的人生。现实中，有着较强自律的人，往往不会放纵自己，由着性子去做"高兴的事""得意的事"，说话办事也不会只图痛快。一味追求完全的自由，那不是自律，而是失控。

比如，你计划明早6点钟起床去跑步，闹钟响了，你是否愿意立即离开温暖的被窝？你打算攒钱买一部车，你是否能做到节省开支，不再乱花钱买东西？

再举个普通的例子。我们每天上班要打卡。试想，如果公司没有这个规定，有

多少员工会准时到公司？人都是有惰性的，在缺少外部监督，或某种强制力督促的情况下，我们的惰性往往就会冒出来。如果说，迟到一次扣半天工资，迟到两次扣当月奖金，你就会强迫自己去战胜赖床的习惯。凡事都是如此，在生活与工作中，我们每天都不停地在与自己的惰性做斗争。

很多时候，我们本身就是一个矛盾体。矛盾的一方是欲望，另一方是理智，如果任凭欲望支配自己的行动，注定会让自己成为欲望的奴隶，表现症状有：拖延、消极怠工、随心所欲、浮躁……这是一种严重缺乏自律的表现。

一个自律很差的人，他的执行力往往也很弱，许多人都有着过人的天赋，但是由于缺少自控力，或吃不了苦，或不甘寂寞，或经不住诱惑，或抵不住压力……最终一步步从优秀走向平凡，直至平庸。相反，超强的自控力，可以让一个人更好地驾驭自己，使其一步步从平庸走向平凡，直至卓越。

自律特别差的朋友，从现在开始可以把"一分克制，就是十分力量"这句话写在一张纸上，贴在家里最显眼的地方，或床头，或电脑桌旁，每天早晚在心中默读10次，并激励自己当日事当日毕，然后坚持一个月。

平时清闲时，也不要养成无所事事的恶习。一旦纵容了自己，让懒惰与拖延成为习惯，你会发现，不但眼前的事情办不好，而且一连串的问题也会接踵而来。更要命的是，许多问题相互叠加后，不仅难以解决，还会让你付出成倍的代价。

成功固然需要聪明才智，但是只有一颗聪明的大脑，是不足以让一个人变得优秀的。好多老板相貌平平，智商也不比别人高，为什么却能成为老板领导一批高学历的高才生呢？

这是不能用智商来解释的，好多人都掌握着丰富的专业知识，也有着非常完美的创业计划，但从未付诸行动。他们头脑清醒，方法完美，决心不坚定，最后坚持不下来，或者根本没有去行动，一切都为零。

那么，为什么大多数人缺少行动？根本的原因是缺少自律。

拿破仑·希尔博士认为，拒绝和忽视运用自控力的人，实际上是把好机会一个又一个损失掉，而且，最糟糕的是，他们本身并不知道错过了这些好机会。

每个人都是自己的老板，都是自己或家人的管理者。管理好自己是第一位的职责，是决定个人成败的关键一环——只有通过自我约束，才能获得真正的自由。要想喝水，必须将水倒入杯中，方可饮用。如果没有杯子的话，不但盛不起水，相反，水还会四处乱溅。因而杯子对于水就是一种约束。相对于水，自律就是我们人生的杯子。

第二章

谁能让时间增值，谁就能改变人生

用"四象限原理"规划时间

在竞争愈发激烈的现代社会中，每个人看起来都很忙，忙着生活，忙着工作，忙着奔向成功的彼岸。尽管忙得焦头烂额，很多人却在抱怨说："为什么我的效率如此之低？"

管理学大师彼得·杜拉克说："不会管理时间你就不能管理一切。"一句话道出了背后的真谛。如果你始终不懂得如何高效利用时间，就只能收获忙碌却又盲目的人生。

而普通人与成功者们的分水岭，正在于时间管理，这足以对一个人的事业成败产生影响。成功人士们总能将"四象限原理"运用得出神入化，以此来为自己的时间增值。

何为"四象限原理"？它实际上是时间管理的有效工具之一，由美国管理学家科维提出。

日常工作中，大大小小的事情繁杂琐碎。如果摸不清头绪，乃至"眉毛胡子一把抓"，你的事业会因此而停摆，生活也会变得糟糕起来。四象限原理有效地解决了这一问题。

你要明白，不是所有工作都是同等紧急且重要的。我们在处理事情的过程中应该先分好主次，依据一定的标准进行级别划分。那么，具体该如何来划分时间的四个象限呢？

一、工作的紧急程度。上司交代给你的某些工作，因为截止日期迫在眉睫，往往需要优先处理。这时候，集中时间和精力，全力以赴将它完成至最好的程度。至于一些不太紧急的工作，先放一放。如果你身兼管理责任，还可授权于他人完成。

二、工作的重要程度。现实生活中，某些重要项目往往需要花费更多时间来完成，期间还需全神贯注。将重要的工作排在前面，不重要的排在后面，才是明智的做法。

三、划分标准后，确定工作的重要性和紧迫性。重要且紧急的工作，是当下的要点，如果不能保质保量地完成，会对你的事业产生重大影响。至于其他工作，既然什么时候做都可以，又不会产生明显的后果，不如将它放在后面处理。

根据以上分析，我们可以得出这样一个结论："优先工作顺序 = 重要性 × 紧迫性"。以此，可将工作划分为四类：既紧急又重要（位于第一象限）、十分重要但不紧急（位于第二象限）、紧急但不重要（位于第三象限）、既不重要也不紧急（位于第四象限）。

每个人的精力和时间都是有限的。权威研究表明，成功人士往往会将主要时间和精力集中于第一象限和第二象限。对于既紧急又重要的工作来说，他们肯定会第一时间去处理。但成功人士们在处理的过程中，会主动去思考："真的有那么多重要且紧急的事情吗？"

他们很快便会想明白，第一象限中的80%的任务都来自第二象限。也就是说，一旦第二象限中的任务没有被完美地解决，很快会上升到第一象限的范畴中。为此，他们会将目光集中于第二象限，逐渐养成"做要事而不是急事"的良好习惯。

这是因为有些重要的工作足以决定你受教育的程度、你的工作业绩、你的未来发展。优先处理它们，是在为成功铺路。

而25%到30%的普通人会将大部分时间用于处理紧急事务，即第三象限。他们总是忙于应付那些层出不穷的紧急项目，像个陀螺般转个不停，却总是在原地踏步。

50%到60%的普通人会将几乎所有的时间花费在第四象限上，这是最糟糕的情况。他们工作起来没有主次，也不考虑目前的工作对自己是否有益，极其盲目。这一类人工作的自主性很差，效率更是低下，因此经常性地陷入被动的局面中。

徐勇刚刚升任部门经理的时候经常忙得一团糟。见他狼狈不堪的样子，总经理告诉了他一个好办法：利用四象限原理规划时间。徐勇将信将疑，准备先按这个法子试试看。

一早，徐勇令助理将自己一天的工作规划列了出来。他仔细观察这些工作，心中默念道："查看报告，辅导下属工作，审阅市场部交上来的调研报告，向总经理汇报工作，与小王谈上个月的绩效问题，处理顾客投诉，准备财务预算报告，准备招聘工作……"

接着，徐勇在规划表上画了一个简易的四象限表格，慢慢将这些工作理出了头绪。

第一象限：向总经理汇报工作；处理顾客投诉；准备财务预算报告。徐勇在后面标记上：重要工作，今天必须完成。

第二象限：辅导下属工作；准备招聘工作；审阅市场部交上来的调研报告；与小王谈上个月的绩效问题。徐勇标记为：比较重要，但不是紧急事项，需要多花点心思处理。

最后，被划分在第三象限和第四象限的都是一些例行性的工作事项，徐勇心想，这完全可以交给助理去解决。就这样，徐勇按照这个方法试验了一个礼拜后，顿感神清气爽起来，以往的烦恼都一扫而空。

每个人都要根据自己的情况来合理安排时间。而四象限原理能帮助我们对时间进行优化，提高效率，保证工作及生活的条理性，让我们以更饱满的精神面对生活和工作，彻底与"瞎忙一族"隔绝开来。

永远比别人更快一步

比尔·盖茨通过多年实践，总结出一句名言："永远要比别人更快一步。"我们将人生当作一场赛跑，只有奋力奔跑，永远快人一步，才能避免被淘汰、被"吞噬"的结局。

非洲的大草原上，当太阳跳出地平线，向大地挥洒万丈光芒的时候，一只羚羊突然从睡梦中惊醒。它向着太阳，疾驰而去，脑中同时响起一个声音："快一点，再快一点！如果落在狮子身后，我就一定会被吃掉！"

正在这个时候，一只狮子也猛然惊醒。它第一时间跑向太阳，一边跑，一边在心中默念道："赶快跑！如果比羚羊慢了一步，我就可能会被饿死！"

自然界中，向来是谁快谁就赢。而在人类社会中，谁快谁生存也是亘古不变的道理。

比尔·盖茨认为："竞争的实质，就是在最短的时间内做最好的东西。"实际上，质量是"常量"，时间却是"变量"。人人都可以通过努力，达到一流的质量；而赛道上的冠军，却往往只有一个。所以说，任何领先，说穿了都是时间的领先。

在时间比黄金还要昂贵的今天，谁能领先一步，谁就能获得主动权。正如那句著名的围棋口诀："宁丢数子，不失一先。"失了"先手"，就得处处受人辖制。

商场上，快人一步才能抢占先机。美国某大学曾以500家成熟企业作为研究对象，通过调研得知，第一家进入市场的企业获得了最高的29％市场占有率；早期进入市场的企业平均市场占有率达到21%；剩下的那些慢人一步的企业的平均占有率是15%。

商场如战场，唯快不破。正因马云灵敏地嗅到互联网未来的广阔市场，比其他人更早去探索，才有了现在的阿里巴巴集团；正因雷军领衔下的小米团队远远快于市场上其他的国产手机商，才创造了小米的奇迹。这样的案例比比皆是……

职场上，走在人先才能赢在人前。比别人早一步，才是向上晋升的第一步。如果你始终跟在别人身后奔跑，就永远无法超越别人。这就需要你始终保持"引导者"的自主意识，坚决摒弃"跟随者"的自我定位。一马当先，积极开拓属于你的道路。

另外，职场机会稍纵即逝，如果你不去主动争取，反而被动等待机会降临，职场的路很快会被堵死。而比别人快一步的要诀是：时刻保持灵敏的"嗅觉"，勇敢地抓住机会。

年轻时候的古川是日本一家公司的职员。一开始，他的主要工作是为上司起草文书，整理相关报告、材料等。那时候，古川对待工作很是尽职尽责，做起事来远比别的同事高效快速。他很快便晋升了，但是他却不满足于此。

有一天，古川在报纸上看到一则专题报道，其中某段内容提到了美国的一种自动售货机。这让他眼前一亮。

原来，当时美国各地都在采用自动售货机来售卖商品，它不需要专人看守，任何地方都能营业，这意味着它能24小时不间断地给人们提供商品，极大地方便了人们的生活。报道后面这样写道："随着时代进步，这种新型售货方法会越来越普及，前途可谓一片光明。"

古川想到日本还没有出现类似的项目，心中一阵激动。他想，如果能顺利进入这项新行业，无异于走在所有国人前面，这是个极大的机会。

古川立马发动亲戚朋友，在最短的时间里筹到了30万日元，并用这些钱购买了20台售货机，将它们分别散落在不同的公共场所中。他就此开始了自己的事业。

让他喜出望外的是，无人售货机给他带来了大量的财富。当越来越多的人加入这一行业后，古川当机立断，率先投资成立工厂，研究制造新的自动售货机。此后古川一路顺风顺水，成为日本知名的企业家。

速度是成功的助推器。纵观成功人士的人生经历，就会发现他们永远比普通人更快一步。他们处于市场的最前沿，寻找新市场，从事新的投资。正如那句俗语所言："一步赶不上，步步赶不上。起跑领先一小步，人生领先一大步。"

我们想要快人一步，就得凡事都想到别人前面，做在别人前面。大量致富实例都在告诉我们，从起步到成功，其实用不了多少时间。想得准做得稳，才是不二法门。

从这一点来说，成功人士们大多思维缜密，洞察力极强。从年轻的时候起，他们就很注重培养自己的超前意识，利用一切渠道去开阔眼界，增长见识。这就注定他们一定会比普通人想得深刻，看得长远。另外，他们往往有着雷厉风行的性格，凡事都会遵循"先下手为强"的原则。掐准时机果断出击，绝不拖泥带水。这便是成功人士始终走在他人前面的主要原因。

排除干扰，控制你的注意力

每当你翻开一本书，想要好好学习的时候，脑中总会蹦出一些不相干的画面，莫名打断你的思路；每当你甩开那些无聊的念头，尝试着集中注意力的时候，手机铃声不合时宜地响起来，信息里的花花绿绿的新闻瞬间转移了你的注意力。

于是，一小时过去了，两小时过去了……要看的书还停留在第一页。

不够自律的人就是这样，制订好的计划一再拖延，仿佛永远处于一种过度劳累的状态中，怎么也不会平衡生活与工作。这背后的原因在于，我们总是难以集中注意力。

心理学家解释说，注意力的集中其实是一种特殊的素质和能力，完全可以通过后天的训练来获得。只有足够的自律，才能顺利排除过程中的干扰因素。

那么，影响注意力集中的干扰因素主要来自哪里呢？

首先，现代社会是个电子数据化网络时代，我们的周围充满了来自微信、微博、邮箱及各种App发出的碎片化信息。你不会拒绝这些信息，缺少自律的能力，你的注意力很容易被撕扯得七零八碎，专注与深度便成为一纸空谈。

其次，发生在大脑中的一场场无形而又激烈的"战争"也是注意力难以集中的原因之一。我们都有过这样的感受：明明规定好要持续学习三个小时。然而，在实施的过程中，意志力稍一薄弱，注意力便瞬间溃散，不知不觉中，我们脑海里已经上演了无数幕"小剧场"……

在这个过程中，你越是想极力压制自己，拉回注意力，越是不得其法，往往将自己搞得筋疲力尽又灰心丧气。之所以发生这样的事情，可能是因为你对手头的工作或所学的内容并不感兴趣，处理好它们是个苦差事，所以较容易分心、走神。

也可能是因为你长久困于这种状态中，早已忘了什么才是真正的自律。《全神贯注：注意力和专注生活》一书的作者加拉格尔指出："你才是自己头脑的主人，注意力只是一个工具而已，你可以操控它。"只要掌握好方法，注意力作为效率工具便能为你所用。

你可以尝试着为自己创建一片无干扰区。U.S. Cellular（美国蜂窝电话）、英特尔等著名企业已经尝试推行"无电子邮件日"来为管理人员及员工减少很多不必要的干扰。

哈佛商学院的领导力学教授莱斯利·佩洛主导的一个名为"安静时间段"的项目则引起了新的社会潮流。此项目规定，每天都要划出特定的时间来屏蔽所有干扰。

某一段时间里，佩洛对一家软件公司工程师的作息时间产生了兴趣。这家公司的某位工程师是他的朋友，有一次，对方向他抱怨："我们必须要上夜班，或者周末加班，否则实在难以在规定时间内开发出新产品。"

佩洛皱眉思索起来。经过一系列调查，佩洛发现，该公司的工程师工作过程中频频受到干扰，以至于他们不得不主动加班去弥补工作进度。奇怪的是，每个人似乎都对这种"被打扰—难以集中注意力—进度延误—赶工期"的工作模式习以为常。

佩洛找到公司负责人，提供了一份解决方案：将一天中的某个时间段划为"无干扰工作时间"，比如说上午11点前，这一期间关掉手机、邮箱，屏蔽一切干扰。这个方案被实行一段时间后，所有工程师都反馈说他们的工作效率得到了前所未有的提升。

埋头于各类社交媒体，津津乐道于各种碎片式的无意义的信息是我们的常态，想要拯救自己的注意力，一定要尝试划出特定的"无干扰区"来学习、工作，将一切干扰隔绝在外。

你也可以进行适当的行为训练，逐步提升意志力。所谓罗马不是一日建成的，你的意志力也不可能一天之内达到梦想中的状态。这就需要你在日常生活中，不断对自己进行训练。

斯坦福大学的博士克利福德·纳斯说，一旦大脑习惯了随时分心，到了需要专注的时候，就很难摆脱这种陋习。"拥抱无聊"这种专注力训练法能有效地改善这一情况。

生活中的我们，无论是在排队的时候，还是坐地铁上班期间，都习惯拿起手机阅览信息。这导致我们的注意力处于长期分散的状态中。所谓的"拥抱无聊"，是在引导我们放下智能手机，利用这些时间做一些深度思考，或者更有意义的事情。

一开始，这对你而言可能很难。但不要因此而忧虑纠结，制订好计划慢慢来。比如打开App，进入设置里面关闭咨询推送；把微信的消息铃声设为静音；尽量少在交友软件上聊天。为什么要这样做呢？因为软件的设计者们为了能让消费者长时间使用他们开发的产品，会根据你每日点击的信息，自动计算你喜欢的内容，然后后台进行数据整理，了解到你的爱好，并每天推送你喜欢的信息给你看。这时，你会受到这些信息影响，分散注意力。久而久之，你做事的效率低下，难以自律。这时，你要排除干扰，让自己专心做事，不受信息干预；如果这些还不行，那就干脆删除这些App。当你慢慢远离这些时，你会发现你的专注力在不知不觉中得到了极大的提升。

另外，你要有意识地建立起自己的工作节奏。先估算自己完成手头工作需要多长时间，为自己硬性设置截止时间。在这个过程中，一定不能不断分心，不断专注。哪怕这次失败了，下次坚持得更久一点就是胜利。慢慢地，你的专注力会越来越容易集中。

控制好自己的时间，把它用在刀刃上

时间对于任何人而言，都是无价之宝。

在现实生活中，很多人无法自如地控制时间。非但不能利用时间为自己的人生增值，反而成为时间管理上的弱者，成为忙碌糟乱的生活奴隶。

只有合理掌控时间，将每分每秒都用在刀刃上，你才能赶走脚下的一切障碍，从容不迫地走向未来。

夏铭的工作老不能按时完成，下班后经常得加班。他打算今天坚决不能再加班了，上班途中暗下决心："今天无论如何也得将办公室的部门预算草拟出一份方案出来。"他踩着上班铃声走进了办公室。同事小何向他打招呼道："老夏，你办公室太脏了，很久没打扫了吧？"夏铭不好意思地挠挠头，拿起扫帚和拖把，准备清理一下自己的办公室。

他花了很多时间扫地拖地，整理办公用品。中途又发现桌上的一沓文件实在是太乱了，没头没尾地堆在一起。夏铭心想："难怪我之前工作效率这么差，想要找的文件老是找不到，这得赶紧整理好。"

这可是个大工程，他一一把文件分类，足足整理了三个小时，才收拾干净。夏铭看着焕然一新的办公桌，长舒一口气。之后皱着眉想："还有一下午的时间，方案无论如何也得赶完。"结果到了下午的时候，小何在工作中遇到难题，赶紧找夏铭来帮忙。夏铭花了一个多小时才帮他解决了问题。夏铭焦虑地看了看时间，赶紧投入工作中，刚将方案赶出了个开头，电话铃声响了，原来是一位顾客打来的寒暄电话。

他硬着头皮陪对方聊下去。二十分钟后，夏铭叹了口气，放下电话。别的同事正聚在一起讨论着什么，小何大力邀请他加入。

夏铭很是犹豫，他想："这时候是增强同事感情的最佳时机，还能了解他们的工作进度和状态，我得加入他们。"于是他放下工作，和同事们一起讨论起来。

慢慢就到了下班时间，夏铭看着电脑上写了一半的方案，叹气道："今晚又得加班到深夜了……"

是什么造成夏铭的烦恼？最大的原因在于：他永远在将时间花费在无谓的事情上，却不懂得最大化地利用时间。

尽管做着同样的工作，有的人兢兢业业、勤勤恳恳，终其一生也难以获得更大的成就；另一些人却始终在有限的时间里发挥自己最大的实力，以便直线到达目的地。

无论是前者还是后者，似乎都很自律。区别在于，后者是时间管理的高手，他们的自律显得更聪明，更有意义，更容易帮助他们获得成功。

何为时间管理？时间管理的核心意义是在一段时间里进行有效的自我控制。这是一套行之有效的方法，缜密清晰的系统。掌握时间管理技能，能让我们最大限度地"压榨"目前所拥有的时间。

惠普公司的前任总裁格拉特认为，时间管理法则的重点在于：永远将它用在刀刃上。他每天花费35%的时间用来处理各种重要会议；再花20%的时间与客户协商、沟通；打电话、看文件各自耗费掉将近10%及5%的时间。

将这些事情处理完毕后，格拉特会自由分配剩下的时间。有时候，他将它运用在记者采访上，或者一些咨询活动上。更多时候，他会预留出这些时间用以处理突发事件。

这就是那些杰出人士和普通人的区别，他们明明拥有同样的时间，有时候甚至同样认真，最终却走上了天差地别的人生道路。最大的原因在于，他们知道如何才能将时间用在刀刃上。

可怕的是，生活中的大部分人不但对时间管理概念模糊，还缺少那种认真、专一的劲头。

想要把时间花在刀刃上，一定要对干扰因素说"不"。无论是在学习还是工作中，迎接我们的，肯定包括大量细碎烦琐的信息。除此之外，你还得面对外界更多诱惑的侵扰。而且，有时候身边的人会试图占用你的时间，强制性地打乱你的节奏，这些都是干扰因素。

面对不必要的活动，请你一定要学会说"不"。面对那些能分散你注意力的诱惑，更要坚定地拒绝。让你的目光始终紧盯在那些最重要的事情上，不要在无谓的事情上浪费精力。

比如说，有些职场新人受到"人际论"的误导后，会特意花时间和不熟悉的人相处，耗尽心力去维持一些繁杂的人际。而聪明人却懂得拒绝这些，他们会精简人际，让社交生活显得更简单而专注。面对别人的打扰，必要的时候，他们会当机立断地关掉手机。

记住，如果工作才能让你获得出人头地的机会，那就在工作上花费最多的时间，而不要一而再再而三地尝试无用社交。更不要左右摇摆，三心二意，被吃喝玩乐式的诱惑夺去注意力。

和拖延做斗争的正确姿势

时间管理最大的问题莫过于拖延症。因为拖延，很多原本能按部就班地完成的项目被我们拖成了紧急项目，很多可以立即处理的事情被拖到了最后一秒才开始进行。

莎士比亚说："我以前荒废了时间，现在时间也把我荒废了。"时间不等人，一次次拖延，换来的是一次次熬夜，导致白天瞌睡连天，和逃不脱的循环怪圈。不想被时间甩在身后，就该拿起"武器"，勇敢地向拖延症宣战。

马薇是个名副其实的"拖延王"。她每天一到公司打开电脑，总是第一时间登录QQ和微信，与狐朋狗友们笑嘻嘻地聊几句，再漫不经心地逛逛论坛，看看八卦，上午的几个小时便飞快地过去了。

到了下午，眼瞧着一天的工作任务堆得像座小山包，马薇这才慌了起来。她没有立即投入工作，反而先去慢悠悠地泡了壶茶，看了会儿时下的爆点新闻，美其名曰"放松身心，找准工作状态"。

别看马薇悠悠闲闲地喝着茶逛着论坛，随着时间一分一秒地过去，她心里却煎熬不已。在无限的纠结中，马薇终于打开了PPT，正式开始了一天的工作。

工作的过程中，马薇还是不够专心，一会儿和同事聊聊天，一会儿低头看看手机，工作还没完成一小半，下班的时间到了。那些没完成的工作沉甸甸地积压在心里，她也没心思去玩，只好匆匆赶回家，点好了外卖，心想，看一集连续剧放松放松。

谁知折腾到晚上9点，马薇才打开电脑。她埋头直忙到凌晨，才勉强完成了第二天要交的各类文案……

我们为什么会拖延？以职场拖延行为为例，稍作分析，便可对拖延心理产生的原因窥知一二。上例中的主人公马薇逃不出拖延的恶性循环，便一直混在基层岗位上，三天打鱼两天晒网，眼瞧着自己年龄越来越大，却晋升无望。

依据一家招聘网站的调查数据，可知八成以上的职场人都受困于拖延症的怪圈。其中有很大一部分人会顶着领导连声的抱怨和催促，在战战兢兢的心境中"心不安理不得"地拖延着，每次都赶在截止日期的前一夜挑灯奋战，不眠不休，最后只能勉勉强强完成计划。

可是仓促赶出来的方案与策划，在上司那儿难以交差外，也难以让自己满意。他们反复重复着这样一个模式：工作太难，不行得先放一放，将一捋思路再开工；工作简单，那就更得先放一放，喝杯茶逛逛论坛打个游戏再说。

在有限的上班时间里，"拖延王"们一再放弃工作，而去选择休闲和娱乐，这是因为工作的诱惑力相对于后者来说实在是太低。

选择休闲、娱乐，让我们即刻从繁重的工作压力中解脱，感受到愉悦和快乐，它的回报立竿见影。选择立刻着手展开工作，当下只能一心一意，全身心投入进去，它的回报却需要一定的时间才能被我们享受到。

所以说，努力工作虽然是正确的选择，当下的诱惑力却不如那错误的选择强。当心里那只拖延小恶魔不停地在你耳边叫嚣"去和朋友聊聊天吧，工作等会儿再做也来得及"的时候，你很难保证自己能抗住这份诱惑，最后只能缴械投降，又一次做了拖延的奴隶。

职场白领想要战"拖"成功，第一步试着将努力工作产生的回报具象化。在你又一次想要偷懒的时候，不妨闭上眼睛，想一想那些激动人心的时刻。比如说，按时完成工作任务的话，你就不用熬夜，还可以享受一整晚的悠闲心情；你会在第二天的方案会上脱颖而出，受到上司久违的赞扬；你甚至会升职加薪，走上人生巅峰……

反之，如果这一刻你又一次拖延了你会获得什么？呕心沥血、奋笔疾书到深夜；上司的雷霆暴怒；被裁员后流落街头……

尽情地想象吧，你想得越具体，越不容易去拖延。这些想象将激发你的上进心，与那些激动人心的时刻比起来，打游戏聊八卦显得那么肤浅空洞，纯粹是在浪费人生。

之后，请给自己做一份计划表，将这一天的工作任务仔细标好，分清楚轻重缓急，并逐一完成。如果你是因为职业倦怠或者缺乏自信而屡屡陷入拖延怪圈的话，不妨试着从最简单的部分开始，一点点去完成，慢慢适应工作的节奏，慢慢提升自信与个人成就感。这样，不知不觉间，你便已经完成了大半的工作。

最后，你需要认清的是，万事开头难。你是不是无数次想要开始，又无数次找借口推迟？这事其实没那么难，现在就打开你的电脑，什么也别想，直截了当地投入工作吧。战"拖"记由此开始，拖延症由你结束。

掌握"二八法则"，把握关键的20%

很多人喜欢把"我没有时间"挂在嘴边，这实际上是个蹩脚的借口。只因时间对于每个人而言都是公平的，你的一天永远只有24个小时。当别人能将时间安排得从容紧迫、有条不紊的时候，问问自己："为什么只有我没有时间？"

有没有时间，都是你自己选择的结果。没有坚定的意志，不够自律，是你失败的主因。其实，只要牢记"二八法则"，把握住关键的20%，所有问题都将迎刃而解。

美国有句俗语："美国人的金钱装在犹太人的口袋里。"只因犹太人经商向来遵循"二八定律"，这是他们的生存与发展之道。

美国企业家威廉·穆尔曾与格利登公司有过一次合作。靠着为对方公司销售油漆，他第一个月挣到了160美元。这报酬少得可怜，根本对不起付出。穆尔失望至极。

偶然情况下，犹太人经商的某项法则引起了他的注意——永远将最多的时间集中于那20%的最重要的客户上。穆尔对照着自己的销售图表，做了一番分析后，突然醍醐灌顶。

他发现，他大部分的收益确实来自20%的客户，余下的80%的客户却没有给他带来更多好处。而过去，他却会在每一位客户上都花费同样的时间，这无疑是走上了一条弯路。

穆尔根据"二八法则"做出了调整，他将自己所有的客户姓名列在一张表上，标出其中20%的重要客户。

这以后，穆尔集中精力，几乎将所有的时间都倾注到那20%重要客户的身上，这样做收效明显。不到一个月的时间里，他就赚到了1000美元。此后的九年时间里，穆尔一直遵循这一法则行事，终于创下了一番事业。

对"二八法则"毫无概念的人总认为抓紧时间把所有事情做完是时间管理的实质，这实际上是走入了某种认知偏差之中。"二八法则"实际上是在告诉我们：你要决定什么事情该做，什么事情不该做，这才是时间管理的目的。

"二八法则"由经济学家维尔弗雷多·帕累托提出，他在研究意大利经济形势的时候发现，20%的人口占有80%的土地，20%的植株产生了80%的豌豆。帕累托立即想到：原来能够产生大部分效果的往往是少数派，控制重要的少数因子便可控制全局。

这一研究成果后被应用到时间管理上，逐渐形成"二八时间法则"，它带给我们的启示是：工作中，应避免将时间花费在普遍而又琐碎的多数问题上，提纲挈领，关注重点，抓住事物的主要矛盾，便可达到事半功倍的效果。

现实生活中，普通人所做的绝大部分事情都是低价值的，真正关键的那20%的事情，却被我们含糊带过，淹没在密密麻麻的行程表中。

比如说，如果你的本职工作是文案编辑，你却倾注了80%的精力去提升自己业务谈判的技能，这一定会引来老板的痛骂。如果你人生的80%的时间都这样迷糊度过，你绝不可能有机会加入20%的优秀精英的行列之中。

"二八法则"若应用到日常生活中，应该遵循以下步骤来进行：

首先，明确每天最重要的一件或两件事，在日程表上将它们重点圈画出来。将一天中的大部分时间都应用于这些主要问题的解决上，确保能顺利完成任务。

需要注意的是，部分人可能会无法取舍，认为很多事情同等重要。这就需要你根据自身情况，严格遵循"不定太多任务，任务一定完成"原则，做下明确的判断。

其次，制订"一周关注计划"。我们可将每一周都视为一整个循环周期，重点关注任务完成情况，效果好的，宣布循环完成，效果不好，再持续进行下去。

最后，一定不要忘了撰写工作日志，记录下每天具体的时间运用情况。这份日志能够起到的作用有很多，它促使我们反思，亦推动了之后的改进计划。

时间管理实际上是服务于个人管理的。若将"二八时间法则"运用到人生道路的规划上，则必须牢记以下原则：

首先，弄清楚目前生活的主要矛盾是什么。进行到这一步的时候，自我审视是必要的。如果提升工作技能是现阶段最重要的事，那么不妨将大部分时间和精力投入在这上面。如果拓宽事业道路对你而言最为重要，那么大胆地放开眼界，积极走出舒适圈。

其次，弄清矛盾的主要方面是什么。比如说，你想学习某项专业技能，为自己的人生增值。编剧技巧、人际沟通技巧、演讲技能、摄影知识等都在你感兴趣的范围内，那么先学哪个？重点学哪个？抓住了矛盾的主要方面，你的问题便迎刃而解。

效率第一，勤奋并不等于高效

很多职场白领在总结工作经验的时候，诧异道："我每天加班加点的工作，总是奔波在出差的路上，几乎所有的节假日都献给了公司，为什么始终进步不大呢？"

很多大学生也曾有过这样的疑惑："我上课认真做笔记，下课泡在图书馆，为什么成绩始终不如那些从不看书的同学呢？"

如果你也有类似的想法，不用怀疑，你一定是掉入了"勤奋式懒惰"的陷阱中。记住，不是所有的勤奋努力都能得到预期中的回报。失去效率的勤奋比懒惰还要可怕得多。

王奋刚刚工作就经历了一件对他启发很大的事情。那一次，公司安排员工去旅游。老总将购买火车票的任务交给了王奋，并提醒他说最好在一天之内办成这件事。

王奋急匆匆赶去火车站，只见售票室里的队伍排成了长龙。他焦急地排在队伍末尾，一直朝前眺望。王奋足足等了好几个小时，才轮到了他。谁知这时候售票员却面无表情地通知王奋道，他购买的那一班次的火车票早已售罄。

王奋一听，只得垂头丧气地赶回了公司，向老总汇报说："现在正是出行高峰期，咱们要买的火车票早就卖光了。"老总听了没说话，将吴奇叫进了办公室，将购买火车票的任务重新交给了他。吴奇回到工位后，拿出手机一查，发现该班次的火车票早已销售一空。

他没有急着向老总汇报情况，而是通过各种渠道收集到各种资料后，再次走进了老总的办公室。只听他说道："火车票虽已售光，但我联系了火车站的其他人员，可以买到黄牛票，只是价值稍贵。我们可以采取搭乘火车再转车的方式，或者直接搭乘大巴。我建议选择后者，因为前者会延迟到达的时间。"老总听了，满意地点点头。站在一旁的王奋傻了眼……

没有效率的勤奋堪称最笨的努力。效率才是勤奋的首要目标，而非时间。如果你只拿投入时间的长短来衡量自己是否勤奋，无疑是中了"假努力"的圈套。

很多人热衷于向周围人"表演"自己的勤奋，一方面是因为我们身处一种社会舆论压力中——只有长时间学习，才算勤奋，才了不起。从另一方面来说，我们实际上是在用这种表面上的忙碌状态来代替深度思考，同时用这种方式缓解内心的焦虑。

因此，学生哪怕坐在自习室里昏昏欲睡，只要挨够了时间就心安理得。白领们永远奔赴在去办公室、各种培训班的路上，将自己的时间安排得满满的，就以为自己已足够努力。

实际上，这所谓的"勤奋"只不过是自己的一厢情愿罢了。成功的关键不在于你勤奋与否，而在于你勤奋的结果。没有效率，你的勤奋就成了一纸空谈。

很多小型创业公司完成的那些创举令很多大企业都望尘莫及。Facebook就曾花费10亿美元的巨资收购了Instagram，而后者仅仅拥有13名员工。绝大部分原因在于Instagram是一家联系紧密、运转高速、成员分工明确而高效的公司。

Instagram的员工并不是传统意义上那种忙得团团转的"标准员工"，相反他们的工作时间极其自由。Instagram的总裁曾总结道：忙碌不一定等于高效。

那么，怎样做才能带给你真正的勤奋呢？

首先，将有效时间和有效精力真正匹配起来。不管是工作还是学习，想要达到超高效率，一定要对自己的最佳状态有充分的了解。

如果早上上班的时候，你的精力比较好，就充分利用那几个小时去集中处理手头最重要的工作。如果午睡后你倍感精神，就利用这段时间来看书学习，提升自己。找到自己的巅峰状态，就能用更少的时间达到更好的效果。

其次，避免做重复的工作，避免犯重复的错误。很多人终日忙来忙去，其实忙的都是一件事情。他们永远会被同一件事绊住脚步，在同一个问题上犯错，时间就这样悄悄溜走……

所谓吃一堑长一智。做任何事之前，心中都要有计划、有条理，不要盲目去做。完成一件事情后，也要及时总结、反思相关经验。这都是避免重复工作的窍门。

最后，很多人总以忙碌为借口，认为自己已经足够努力，却忘了时间是可以高度拉伸的。你若能如下列故事中一般像对待"坏掉的热水器"一样对待工作，就能得到很多富余的时间。

曾有人花了1001天做了一个项目，项目主角是一些行程忙碌的女人。其中一个女人在某周三下班的时候突然发现家中的热水器出现故障，弄得地下室都是水。

那天晚上，她花了一个小时清理水迹。到了第二天，之前联系好的清理工来到家中，帮她修好了热水器。第三天，女人特意请专业人士来家中帮她清洁地毯……项目主导者发现，那一周，女人一共花了七个小时的时间将这件事处理完毕。

他不由得感慨道："如果一周之前你问这位女士：'你有七个小时的空闲时间吗？'她一定会回答说：'你疯了吗，看看我的日程表，你没看到我有多忙吗？'"

当我们感到自己的付出与努力不成正比的时候，先问问自己："你真的努力了吗？你珍惜时间了吗？"

我们的努力不是做给别人看的，关心别人的评价不如将全部的精力投入眼前的工作上，切切实实地提高效率，永远不要在同样的错误里打转。

在正确的时间做正确的事

工作前该做哪些准备？执行工作任务的过程中，应保持怎样的状态？完成任务后，怎样去做复盘总结？这三个问题烘托出了时间管理的另一层意义：在对的时间做对的事。

可是现实生活中，大部分人并不知道"正确的时间"意味着什么，也闹不清楚哪些事情能被称得上是"正确的事"。解决这个问题前，不妨全面审视自己的生活与工作，理出重点，加深对"正确时间做正确事情"的认识。

首先我们先来分析一下日常工作开始前的那段时间里，应该做的准备有哪些：

一、提前来到办公室，及时整理办公桌，做好当天的准备工作。

很多人都有这样的体验：气喘吁吁地赶往办公室打卡，等回到工位上时，至少还得花费半小时的时间才能真正平静下来。如果迟迟不能进入状态，一个上午的时间都会被白白耗费掉。这就是在正确的时间里做了错误的事的典型案例。

与其这样，还不如早半小时起床，从容不迫地来到办公室，花二十分钟的时间整理桌面、煮咖啡、泡茶、打开电脑挂上各种通信软件。等到一切准备完毕后，再以饱满的精神投入工作中去，这是为一天的高效工作开了个好头。

二、整理日清单手账本，纵览一周工作流程，做到心中有数。

尤其在周一的时候，一定要将一周的工作安排整个梳理一遍。只要多花几分钟的时间，就可以获得很多信息：哪天比较忙；哪天有空闲时间可以应对临时任务……

其次，我们来分析一下工作过程中，应该注意哪些问题：

一、接到任务后，先"审题"，别急着开展工作，这样反而能提升效率。

在刚刚接到工作任务的那个时间段里，有的人习惯马上开始展开工作。实际上，这种争分夺秒的状态对之后的执行过程反而会产生坏的影响。

项目开始前，先"审题"，确保自己不会出现理解偏差的情况。同时通过口头询问、邮件或者会议的方式去了解项目的背景，及各方面信息，加深印象。

之后，必须查阅大量资料，做分析、比对、提炼、总结等工作，确定执行方案或者大致的流程框架，再着手进行。

二、执行任务的过程中，有条不紊地应对每一个环节，并保持专注。

在你真正开始执行任务的那一刻起，必须集中精神，并确保自己能够在规定的时间段保持高度的注意力。这不是一件容易的事情，因为很多突发情况都是你事先无法预料得到的。比如说，你可能会被各种通信工具或者突如其来的会议打断思路。

为了将负面影响降至最低，我们可根据现实情况，灵活调整项目进度。或者设置"工作一小时，休息五分钟"模式，这对长时间保持工作激情有很大的帮助。

最后，完成工作后，回想曾经的工作经历，做好复盘总结。

大家在完成一个项目后，恨不得立刻去庆祝。如果这时候让你回过头来，依据每日的工作历程逐一总结经验，恐怕你是极其不乐意的。但事实是，这个时间段里，你最应该做的事情不是庆祝，而是复盘总结，少了这一环节，便称不上圆满完成了工作。

纵览整个项目过程，回想一下自己做得不到位的地方在哪里，哪个环节的结果令你比较满意，拎出失败的原因，提炼成功的规律，这是自我提升的最好机会。另外，别忘了及时整理项目执行过程中留下的诸多资料，建立一系列文件夹，分门别类地保存。

同样，一天工作结束后，也得有个总结、分析的过程，养成了这个好习惯后，你的进步将肉眼可见。

人们常说："要在该做事的时候做事，该休息的时候休息。"这是"在对的时间做对的事"的另一层含义。除了工作日程外，对空闲时间的规划也很重要。

首先要保证足够的休息。无论平日工作有多繁忙，也不能将休息时间挪用在工作上，这样反而会拖累你的工作效率。该休息的时候就休息，注意劳逸结合，始终保持充沛的精力。

其次，留出部分空闲时间去学习。加强为脑袋"投资"，增强自我竞争力，才能为未来多增加一点筹码。

周晓媛毕业后顺利通过一家知名公司的面试，刚刚入职三个月，她出众的工作能力就让大家对她刮目相看。

每一天，晓媛都会早早来到办公室，将办公桌打扫得干干净净，并将各类文件报表按序号摆放得整整齐齐。她有一本手账本，专门用来记录每日和每周的工作计划，上面用红笔标注好了重点。

上班这几个月来，晓媛一直保持着稳定的工作节奏。她几乎每一天都会按照计划表去逐一攻克分内的工作，不愿意耽误工作进程。每天下班前，晓媛还会专门空出时间来清理电脑桌面，整理资料，撰写工作小结。

下班后，她一边给自己足够的时间去放松身心，一边匀出部分时间去充电学习。到了晚上11点，晓媛一定会按时睡觉，确保第二天能精神饱满地面对新的挑战。

晓媛保持着这样的工作状态，不到半年便被破格提拔。到了年底，她作为"优秀员工"代表，发表讲话时称："我唯一的心得是：在正确的时间做正确的事，一切困难将迎刃而解，每一天都能过得很充实。"

是的，成功哪儿有捷径。能在对的时间里做对的事，把每一天都安排得井井有条，长期坚持下来，你就会获得巨大的成长，离成功越来越近。

第三章

学会规划，努力改变生命的密度

有了计划，人生之船才会有方向

为什么我们行事之前必须要制订计划？它能带来哪些好处？实际上，计划是行动的指航灯。一份周详缜密的计划能够促进事态发展，帮助我们掌控人生命运。

计划又像一座桥，将我们的立身之地与预期的未来紧密联系起来。少了计划的助力，目标的实现成了一句空话，人生也变得杂乱无章起来。曾有人这样说道，没有人计划失败，但失败总是在追随着没有计划的人。

谢亮和范江相约一起毕业旅行，出发前一天，他们在宿舍里商讨了很久，都没有讨论出一个结果。谢亮不耐烦道："我们为什么不计划好了再一起出去呢？这不是浪费时间吗？"

范江无所谓道："难道你每一件事都计划好了才去做吗？这是不可能的，你不知道计划赶不上变化吗？在我看来，充满计划的人生是很无聊的。"

谢亮皱眉想了一会儿，说："这样吧，前三天我听你的，后三天你得按照我的计划来。"

范江同意了谢亮的提议。第二天，两人背着背包出发了。他们坐着火车来到了一个旅游城市，下车的时候已经是夜里11点。当时天正好下起雨来，两人瑟缩在街头，叫不到出租车，也找不到可以歇宿的旅馆。

谢亮埋怨道："按照我的计划，早订好了车和酒店，哪有这么多麻烦事啊？"

范江没说话，心里有点后悔。那三天里，谢亮和范江处处碰壁，没吃好也没玩好。到了第四天，谢亮拿出一份密密麻麻的攻略，带着范江直奔当地最有特色的"吃货街"，两人饱餐一顿。下午他们依次逛了旅游景点，玩得很开心。

接下来的三天都过得很充实，范江赞叹道："老谢，看来还是你的计划起作用了，瞎逛确实不行。"谢亮正色道："那当然，我做任何事情都是有计划、有目的的，这能让我们的人生变得更加高效简洁。"

《礼记·中庸》中说："凡事预则立，不预则废。"说的也是计划的重要性。首先，工作之前制订合理的计划，能够帮助我们提高工作效率。

如果你行事之前毫无计划，不清楚目标是什么，也不知道下一步该去向哪里，就会被各种突发事件牵着鼻子走。当你疲于奔命，收效却不明显的时候，你的自信心无疑会受到损伤，行动力也会因此而变得迟缓，最后只能糊里糊涂应付了事。

若事先设置了一份详密的计划，情况就大大不同了。根据计划，你知道什么时候该做什么事；每一阶段该呈现出怎样的状态；发生了突发情况，又该如何去应对。计划好了行动的时间和目标、执行的方法和步骤，便能做到游刃有余，有的放矢。

其次，人生路上制订清晰明确的计划，能够帮助我们提高成功的概率。

对前行道路毫无规划的人，往往只能随波逐流，像浮萍一般漂到哪里是哪里。反之，那些早早地便对自我人生有清晰的定位、明确的规划的人，却能像大树一般稳稳地扎下根来，沐浴着阳光，向上蓬勃生长，让时间将自己锻造成栋梁之材。

后者无论做什么，身处什么样的位置，始终保持着敏锐的观察力。他们能够站在不同的角度看待这个世界，能发掘出常人难以察觉的细节，成功的概率比普通人要多得多。

那么，制订计划的过程中需要注意什么？

首先，计划一定要周密、详细、具体。一个长期的、远大的目标必须配上一份或数份详细的、具体的执行方案。你的计划若能兼顾每一步的小目标，便能大大降低实施过程中的沟通成本和各种干扰因素。反之，计划大而空，只会让行动的人摸不着头脑，白白浪费时间和精力。

需要注意的是，即使是一些小的工作项目，制订计划的时候也不能太大意，一些必要的细节也不能忽略。

其次，一定要确保计划是可以被实现的，可操作的。实际上，制作计划是你到达终点之前必须经过的历程。如果这份计划实施起来晦涩艰难，都是一些不切实际的步骤，你如何才能到达目的地？不具操作性的计划便只能形如空文，毫无意义。

所以说，目标可以高远，但计划一定不能远离"地气"。最为关键的是，一定要设置好行动的第一步。很多人败就败在了第一步上。第一步不好着手，只会让人举棋不定，始终无法勇敢地踏上征途。可是不迈出第一步，这份计划就只能作废。

最后，计划必须遵循灵活性原则。有的人制订好一份计划后，便一丝不苟、一步不差地依据计划来进行。殊不知目标可以随时调整，计划也能依据现实情况随时做出更改。只因执行过程中，可能会发生各种未知情况，不必拘泥僵化。

培根说，做人要有计划，人生才有方向。计划是先人一步的保障。想要将自己培养成出类拔萃的人才，绝不能忽视计划的重要性。

有人认为花时间制订计划太麻烦了，占用了工作时间；还有人说，凡事都做计划，人生就少了惊喜。实际上，惊喜通常与惊吓并肩前行。

计划的意义正在于行动之前那个思考、沟通、权衡、交流、倾听的过程，它能大大提高你的行动力，让你的人生最大限度地隔绝于意外之外，始终稳步前行。

分解目标，赢得成功

有句老话叫作"望山跑死马"。目标过于遥远、庞大，会让人心生畏惧。当你行走在崎岖山道之上，那高不可攀的山顶似乎离你越来越远，你越是失落沮丧，心中放弃的念头便越是强烈。想要解决这个问题，先得学会分解目标。

将"目标大山"分解成一段段短路途，目标便被化整为零、化难为简了。当下，你只需集中精力，走完脚下这一段略为轻松的旅程。当一个个小目标被顺利攻克，我们心中的自豪感自然会与日俱增。这能让我们始终保持心无旁骛的状态，全力以赴地去奋斗。

古印度人会在原始森林里放上一张张特制的桌子，专门等待着猴子"上门"。这些桌子两边的抽屉里都会被塞入鲜美肥硕的果实，这是吸引猴子的诱饵。

特殊之处在于，桌子的抽屉缝留得很小。一旦猴子寻味而来，将爪子伸进抽屉里取果子的时候，果子却会被牢牢卡住，怎么也取不出来。

一些猴子很贪婪，死活不肯放弃那鲜美的果子，于是它们往往会成为猎人的胜利品。有一天，又有一只猴子探头探脑地向那张桌子靠近，它嗅着抽屉，终于忍不住将胳膊伸了进去。可是因抽屉缝太小，它不出意外地被卡住了。

猴子没有死心，它滴溜溜地转着眼珠，将另一只爪子也塞了进去。不一会儿，一个又大又圆的果子被它用尖利的指甲削成了一块块果肉。它捧着那堆果肉，有滋有味地嚼了起来。抽屉里剩下的果子都被它用这种方法吃光了。吃饱后，猴子摸摸肚皮，跳上树干，消失在森林里……

如果你不知道如何才能突破困境，不妨向故事中的小猴子学习，将宏大的梦想分解成一个个小目标，一步步去实现它们，慢慢靠近预期中的目的地。

所谓千里之行，始于足下，无数小目标的实现最终会累积成梦想中的成功。1984年，在东京国际马拉松邀请赛中，日本选手山田本一靠着目标分解法，一举夺得当年的世界冠军。

他将沿途醒目的标志当成一个个阶段性的目标，比赛哨声一响，他立马以百米冲刺的速度向第一个目标奔去，然后是第二个、第三个……

随着一个个小目标被顺利攻克，他也变得越发自信强大，坚不可摧。就这样，凭着目标分解的智慧，山田本一打败了一个又一个对手。

将人生当成一场马拉松比赛，很多人根本无力跑完全程。不是因为他们体力有多弱，能力有多差，而是因为这长时间的鏖战早已消除掉他们的斗志。

一些人见成功始终遥遥无期，慢慢便会失去耐力和信心。可若能用"分级火箭"思维来指导自己前进，难题便豁然开朗。将火箭分成若干级，当第一级推送其他级至大气层的时候，便自动脱落以减轻重量，依靠这样的方法，再重的火箭都能被成功送往月球。

同理，将长期目标分解成一个个中期目标；将中期目标分解成触手可及的短期目标；将短期目标分解成每一天的具体任务，再集中精力去实现它们，一切都能迎刃而解。

美国财务顾问协会的前总裁刘易斯·沃克的一次记者访谈会让人印象深刻。面对记者喋喋不休的追问，沃克突然反问道："你的目标是什么？"记者愣了，结结巴巴地回答道："嗯……我想也许有一天我可以拥有一间漂亮的房子，坐落在某座风景优美的山上。"

沃克耸耸肩说："我想你很难实现这个目标了。"记者有点不服气："为什么？"

"不懂得将目标分解通常是人们失败的原因。"沃克进一步解释道，"你的目标太大，应该将它分解成阶段性的计划，一步步去靠近它，这样终有一天你能够实现它。"

记者起了兴趣，追问道："那我该怎么做呢？"沃克说："这就要问你自己了，你希望定居在哪座山上？你梦想中的房子大概价位是多少？将你的目标明确为一个个具体的任务。"

沃克眨眨眼，说："你需要做好收支计划，开源节流，规定自己每天节省多少钱，每个月需要存多少钱，每年需要存多少钱。这样你才能以最快的速度实现自己的目标。"

大到人生目标，小到工作目标，实现的核心都在于：将其细化到每天的行为中，确保每天都能进步一点点。

撑竿跳高王子布勃卡每次给自己设置的目标都是一厘米，他的记录是一厘米一厘米升高的。世界跨栏冠军刘翔给自己的要求是，每一次都要比上一次快0.01秒，他是靠着0.01秒、0.01秒这样的速度不断加快的。

目标不应被锁定，你要尽可能地细分下去，找准一个焦点，确保自己每天都能向前进步一点，及时感受到成功的喜悦，如此一来，你的生活会变得越来越有节奏、有秩序，越来越充实。不知不觉中，你已经创下了傲人的功绩。

目标的实现需要自制力做保障

目标为什么老是实现不了？原因很简单，就是因为每次需要努力的时候你却懒散拖延，缺少自制力做保障。这种情况若长期无法改善，你便始终被困在纷至沓来的紧急事务中无法脱身，再也没有时间和精力去规划未来的道路，而一切成长性计划都成了空谈。

人人都不缺乏实现目标的激情，可若无自制力的加持，这激情却很难延续下去。从这一方面来说，自律其实是一种自我管理的能力，或者说，是一种"延迟满足"的能力。著名的"斯坦福棉花糖实验"正证明了这样的道理。

1972年，心理学家沃尔特·米歇尔协同其他研究者，做了一个别出心裁的实验。他们从不同的幼儿园里随机找来几百名小朋友，让他们单独待在一间小房间里。

房间里空荡荡的，没有其他人，墙角的桌子上放着一盘棉花糖。这对那个年代的小孩来说是一种巨大的诱惑。研究人员分别带着孩子来到他们自己的房间，每次离开前，都会嘱咐孩子们说："我需要先离开一下，棉花糖是送给你的礼物，你可以把它吃掉……"

说到这里，几乎每一个小朋友脸上都露出惊喜的表情。研究人员顿了顿，继续说道："如果你能等到我回来的时候再吃，我会给你更多的棉花糖作为奖励哦。"

研究人员一走，孩子们都明显地松了一口气。通过摄像头，沃尔特·米歇尔发现，不同的小朋友做出了不同的选择。有的小朋友立即拿起桌子上的棉花糖，撕开包装纸，大口吃起来；有的心不在焉，一直偷瞄着桌上的棉花糖，没过几分钟后便被这诱惑俘虏；极少部分小朋友始终正襟危坐，等待着研究人员回来……

实验结束很久后，沃尔特·米歇尔针对参加实验的小朋友进行了调查，他发现，那些能够抵御棉花糖诱惑的小朋友在成长的过程中似乎更有目标和条理，也从不缺乏自律自控的能力。长大之后，他们在考试中取得了更好的成绩，人际交往方面也更顺畅。与其他小朋友比起来，他们似乎更值得人信赖，人生之路也走得更成功。

实现目标的旅程其实就是一场接一场的"棉花糖实验"，通过努力和自制力，你才能成功跨越那些表面绵软，内里危机重重的陷阱。

不同的人生来自不同的选择。扪心自问，你是能够抵御即时诱惑的高度自控者还是走走停停，习惯于半途而废的"低延迟满足者"？

前者往往能够顺利熬过那些需要坚持和努力的时刻，只为赢取丰沛的阅历和人生。后者却难以忍受满足感被延迟的痛苦，他们沉溺在"棉花糖"的美妙滋味中无法自拔，却忘了为未来铺路。不同的选择，将促使你走上不同的人生道路。

高度自控者偏好长期回报，在他们看来，当前的耕耘和努力一定是实现目标的必经途径，而日常任务并不是"孤立事件"，它的完成度足以影响远期目标的实现。

"低延迟满足者"却向来短视，看不清当前努力的价值，低估日常任务完成度与最终目标实现之间的相关性。他们老是觉得偷懒一次没什么大不了，不会对最终结果产生影响。

事实上，你当前所做的任何事都能与未来产生千丝万缕的联系。及时行乐式的快感并不能给你带来长久的幸福，只有持续努力，才能将这快乐与满足感延续下去。

一些专家将自制力称为"自制肌"，他们认为自制力其实像人体身上的肌肉一样，是可以通过锻炼来获取、增强的。而实现目标的过程，也是我们锻炼自制力的良好时机。一旦诱惑出现，可以运用以下几种方法来做抵抗。

首先，正确的激励可以让"自制肌"坚持更长的时间。面对诱惑左右为难的时候，脑海中通常会出现两种声音，一种教唆你顺从这诱惑，一种提醒你拒绝这陷阱。努力将这两种声音转化为一种声音——赞美与鼓励，为自己加油打气，你会更有信心和勇气。

其次，树立一个榜样，在意志力面临挑战的时候，问问自己："如果我的榜样遇到了这种情况，他会怎么做？"这个问题会让你的抵抗力无形中增强。

最后，牢记目标，不要试图寻找借口。有些人会陷入这种畸形逻辑中："我昨天整整坚持了一天，今天得犒赏一下自己。"这是不对的，正确的逻辑应该是这样的："我昨天的坚持是为了能离目标更近一点，今天也该为了这个目标而努力。"

张桦一捧起书本就爱走神，根本无法集中注意力。后来，他了解到某位作家成功克服同样问题的励志故事后，便以作家为榜样，发誓要走出这种病症的阴影。

大学四年里，张桦为了训练自控力，吃了不少苦。他给自己设置了每学期都要阅读完十本书的目标，可是一开始他的专注力最长只能延续十分钟，之后便被各种诱惑轻易地瓦解掉。张桦没有灰心，他反复回忆那位作家曾说过的话，不停为自己加油打气。渐渐地，他发现他的专注力能坚持更长的时间了。

张桦将自己的目标写成醒目的大字贴在书桌上，每逢心中冒出偷懒的念头时，他就盯着那行字，逼自己继续在书桌旁坐下去。靠着这些方法，四年来，他阅读了将近五十多本书籍，大大超出了原先的目标。如今的他，在书桌旁一坐就是四五个小时，这是以前的他不敢想象的事情。

还需注意的是，再自律的人也不免有自制力失效的时候，这时候，千万不要认为自己是个"废物"，将这种极端的想法赶出脑海。你要理智地告诉自己："一时的失败不算什么，继续努力才是正理。"

坚定目标，拒绝朝三暮四

在通往成功的道路上，一旦认准了目标，就该将真正的执着贯彻到底。不要朝三暮四，犹疑不定，否则只能将大好的机会拱手让给别人。

没有目标，或者目标太多，都是你失败的原因。前者随遇而安，不知道该往哪个方向去努力；后者意志力太差，像墙头草般一有点风吹草动便迫不及待地抛弃原计划，制定新目标。他们像无头苍蝇般乱转，最终却失去了出头的机会。

2009年，秦忠大学毕业后来到了上海。大学时期，他学的是电子商务专业，因此没费多大力气便找到了一份网络销售的工作。那是一家大公司，虽然给予他的实习工资不太高，却给了他足够的成长机会。那时候秦忠唯一的目标是早日转正，让工资翻两番。

一开始，秦忠工作十分努力，得到了上司的赏识。后来他却听同学说另一家公司正在招聘技术岗员工，底薪不错，还能享受各种福利。同学怂恿秦忠辞掉工作和他一起去那家公司上班，见秦忠始终犹豫不决，同学劝道："技术岗位比较稳定，比销售好多了。"

秦忠被这句话打动，去那家公司应聘成功后，他辞去了这边的工作。然而在技术岗位做久了，秦忠又觉得工作枯燥无味，没有干劲。后来他听说，前公司和他一起实习的同事顺利转正，没过多久就当了主管。每当秦忠想起这件事，心里就很不是滋味。

后来，他又听别人说做采购时间灵活，薪水也很高，冲动之下，他又辞去了工作准备重新开始。他足足花了好几个月的时间才找到了新工作——某家小公司的采购员。这时候，他的积蓄差不多都折腾光了。可是彻底熟悉了新行业后，秦忠才失望地发现，这一行根本不如他想象的那么美好，他几乎难以坚持下去……

夜深人静的时候，秦忠一想起自己毕业已经好几年却一事无成就很苦恼，根本睡不着觉。

秦忠的经历给了我们一个深刻的启示：工作贵在坚持，朝三暮四者通常会一事无成。对目标志在必得，坚持到底，不达目的不放弃的人却总能迎来自己想要的未来。

为什么朝三暮四者难成大器呢？首先，上天给予我们每一个人的时间和精力都是有限的，你能做成的事情也是有限的。如果你从一个平台跳到另一个平台上，不断更改目标，你就始终处于"新兵"的状态，注定会做大量的无用功。

朝三暮四者都该用歌德的那句名言来敲醒自己。这句最佳忠告是："你应该站在最适合自己的地方。"在初入社会之初，你最该学习的是如何合理运用自己的时间和精力，将它运用在一个行之有效的目标上。切忌不要左顾右盼，心猿意马，既想尝试这个，又想感受那个。

摆正自我位置，寻找现阶段最适合你的目标，认定了就要坚持下去。正如有经验的花匠，经常会剪掉多余的枝芽和花苞。有人为此感到惋惜，感叹道："这枝芽难道不够茁壮有力吗？这花苞难道不能绽放成美丽的花朵吗？为什么要剪掉？"

花匠微微一笑，他深知阳光和养料都是有限的。减去旁枝，是为了树苗能集中养分成长，结出更多的果实。减去大多数的花苞，是为了这剩下的少数花苞能开出更美丽夺目的花朵。如果你脑中杂念很多，一定要学会去除多余的目标，将精力集中在最适合自己的事业上。

坚定目标的路途中，一定会遇到各种艰难险阻，让你忍不住产生放弃的想法。无数实例却告诉我们，只有坚持坚持再坚持，才能看到曙光。

从年轻的时候开始，宁峰一直从事着服装生意，直至成立了一家小型服装公司。然而，从某一段时间开始，宁峰却意识到生意越来越不好做了。

身边的人纷纷转行，各谋出路。有朋友劝说宁峰，不如撤出服装市场，用攒下来的积蓄去投资其他生意。宁峰却不同意，他坚定道："拥有自己的品牌是我一直以来的梦想，我唯一能做的就是坚持。"

他思索很久，认为只有把自己的服装推销到当地一家知名商场，才能改变目前的处境。他带着衣服样品去了这家经营国内外名牌服饰的商场，找到了商场经理。结果他费尽了口舌，商场经理却嘲讽道："我们商场从来不销售杂牌，你还是放弃吧！"

宁峰没有气馁，第二天，他又赶去了商场，结果经理闭门不见。这次碰壁反而挑起了他的斗志。他一连去了三四十次，经理最终被他的诚意打动，同意看看他带来的样品。

令宁峰喜出望外的是，他带来的样品让经理眼前一亮。一番协商之下，经理最终同意先引进宁峰公司的部分产品试试水。这批物美价廉的服装很快被销售一空，最后，宁峰与商场签订了长期合作协议，他的服装品牌的名声就此被打响……

拿破仑说："战争的艺术就是在某一点上集中最大优势的兵力。"对于任何人而言，一旦确定了目标就不要随意改动，只有全心投入，坚持不懈地努力，才能获得更大的成功。

找到你真正想要的，坚持才有意义

"坚持"这件事情掺不得一点假，在那些前途渺茫的日子里，你会发现自己原来根本没有当初想象的那般坚忍顽强。自制力差的人会常常禁不住诱惑，以至于一再半途而废。

那些自律的人都是怎么坚持到底的？他们为什么能够坚守孤独中依然毫不动摇？因为他们找到了自己真正想要的。反之，如果你内心想要完成计划、实现目标的欲望和动机不够强烈，不够深刻，你只能屡屡认输。

周晓雪毕业于某大学会计专业。大三的时候，她被父母安排进入老家国企实习，之后转为正式员工。尽管同学们都很羡慕她，周晓雪自己却很痛苦。她根本不喜欢财务工作，也适应不了每天都与枯燥的数字打交道的生活。

坚持了半年后，周晓雪不顾父母反对从单位辞职，之后一直赋闲在家。朋友知道了她的情况后，劝她早点走出这种状态，她却为难道："小城市实在没有什么好工作。"

朋友试探着问道："你以前不是很喜欢阅读与写作吗？要不试着创建一个公众号，写点东西？"周晓雪却迷茫道："其实我也不知道自己是不是真的喜欢写作……"

朋友又道："如果你喜欢大城市的生活，就尽早离开老家。"她吞吞吐吐道："有时候我喜欢大城市，有时候又觉得小城市安逸，我真的不知道我想要什么。"

你是不是也处于这样的状态中：毕业好几年，工作换了一份又一份，始终是基层员工，看不到出头之日；总也找不着生存的目标和意义，不知道自己存在的价值……

大多数年轻人的心病莫过于"除了青春，我一无所有"。想要趁着青春年少的时候奋力搏一把，却不知道该从何开始；不甘心平庸一辈子，却总也逃脱不了无头苍蝇般乱闯乱撞、有劲没处使的命运。他们心里始终笼罩着一片迷茫的阴影。

2015年，一封辞职信激起了无数年轻人对于远方的渴望。信中只有一句话："世界那么大，我想去看看。"可是当人们回过神来的时候，却无奈地发现，世界这么大，若还没认准方向就贸然出发，只能迎来惨败的结局。

冯仑说，有一次他和朋友王石坐车经过戈壁滩，半途中车子坏了，手机又没有信号。只见茫茫一片沙漠，前不着村后不挨店，他们只能焦急地等待着救星的到来。

在等待的过程中，冯仑深切地感受到：对于个人来说，最恐怖的不是没有钱，而是看不清方向。如果你找不到人生的方向，不知道什么才是自己真正想要的，迟早会被这现实击垮，被迫加入好逸恶劳、散漫怯懦的同龄人的大军中。

当然，未来的路还很长，过早放弃希望是不理智的。你要相信，无论什么时候开始都不晚。与其漫无目的地乱撒网，一次次地浪费时间和精力，还不如先找到真正的目标，瞄准它默默努力，赋予坚持以最大的意义。

想要找到你真正想要的是什么，先得全面、客观地认识你自己。人和人是不同的，别人的经验对你而言未必有用。审视自己身处的位置，分析自己的长处和短处，了解自己的热情所在，只要做足了功课，你对自己的了解会越来越深刻和透彻。

如果实在不知道自己的方向在哪里，那就反过来想想，你最痛恨哪种生活？只要朝着相反的方向去走，总有一天，我们会与梦想中的自己不期而遇。

1995年，董卿的父亲在《人民日报》上看到一则东方电视台的招聘广告，他立马给女儿董卿写了一封信，劝她抓住机遇，赶紧准备应聘材料。

董卿接到信后，心里很是煎熬。那时候她在浙江电视台有属于自己的节目，既是幕后编导又是主持人，工作一向顺利。此时选择转战上海，若是失败她就会失去目前的一切。正在她犹豫不决的时候，心里却响起了一个铿锵有力的声音："你想要的是更大的舞台！"

那瞬间，她恍然大悟。不久，她寄出了应聘的录像带，最后竟被顺利录取。

2002年，央视成立西部频道。频道总监尹力向央视大力推荐上海东方电视台的董卿担任主持人。一系列笔试、面试、试镜后，董卿终于闯到了最后关头。谁知，她竟再一次动摇了，心里迷茫不已。这一回，她需要割舍更多东西，一旦失败，她需要付出更大的代价。

关键时刻，董卿心里再次响起了那个熟悉的声音："你想要的是更好的自己！"她坚定了决心，只身来到北京，就此开启了奋斗之旅。

有一首歌的歌词是这样的："是不是对生活不太满意，很久没有笑过却不知为何。"这几乎唱出了现代人那种疲倦迷茫的心境和麻木又不甘心的现状。

坚持梦想绝对不是一件容易的事情，然而，你若深切地认识到，自己是在为真正热爱的事情所奋斗的时候，即使再累也有坚持下去的勇气。

制订人生计划，切勿随波逐流

一句著名的广告语说："自律给你自由。"唯有对自我严格要求，才能让你获得把控一切的能力。然而，现实生活中，一些人虽然对自律的重要性已经有了深刻的认识，且已做好改变自己的准备，但让他们苦恼的是，他们制订的计划总是难以执行下去。

问题出在哪里？答案很简单：大部分人在制订人生计划的时候总是随波逐流，人云亦云，完全失去了自己的想法和节奏，这是他们的计划屡屡失败的原因。

电影《无问西东》中，男主角吴岭澜有关人生选择的故事给观众留下了深刻的印象。初入大学时，吴岭澜不知道自己未来的路在哪里。当时的社会环境要求青年学子抛弃老祖宗的那一套，以实业来振兴国家。于是很多年轻人不顾自身情况，纷纷选择理科。

吴岭澜不愿意落于人后，也选择了理科专业。他为自己制订了极其详细的学习计划，遗憾的是，无论他怎么努力，却始终力不从心。

吴岭澜越发迷茫，他在校园里四处徘徊，脑中一直旋绕着这个人生难题。后来，当他听到泰戈尔的演讲时才恍然大悟。其实他一直十分喜欢、擅长文科，只因盲目地追随别人脚步，才让自己陷入了进退维谷的境地。

清醒过来的吴岭澜重新做出了选择：放弃理科，投身于文学的海洋。

后来吴岭澜成为西南联大的一名教师，他经常对学生们说起这个故事，希望他们在制订人生计划的时候，不要随波逐流。

你手中拿着的若是一份错误的、并不符合现实情况的计划，执行起来必定困难重重。这时候，你越是自律，便越是痛苦，越是容易半途而废。

纵观我们身边，这山望着那山高，在错误的道路上倾注汗水最后却一事无成的人比比皆是。那么，对于普通人来说，如何制订精准有效的人生计划？

首先，制订人生计划的时候，最要不得的是随波逐流、人云亦云。如果你总是跟在别人身后，看别人当了明星，便想当明星；看别人在演讲台上混得风生水起，便去学习演讲，久而久之，你就会变成一个毫无目标的、四处乱撞的"木头人"。

别老是关注别人在说什么，有什么，想做什么，将目光转向你自己。只有对自己有清晰的认识和定位，才能知道自己应该朝着哪个方向去制订人生计划。

其次，摸准了具体的方向后，找到适合你的节奏。不同的人会运用不同的方法去安排自己的时间。有的人喜欢速战速决，于是将一天的时间规划得清清楚楚、满满当当；有的人却是"慢热型"，一般只会划出大致的时间段，却不会规定具体时间段该做什么。

只因每个人都有适合自己的学习节奏，凡事按照自己的节奏来，让自己沉浸在最舒服的状态里，计划既容易被坚持下去，也能收获到最好的效果。

从大的方面来说，有的人会将人生的战线拉得很长，可能是五年，可能是十年，他们长期耕耘，默默蓄力，只为了多年后那一个硕大的果实。

有的人却很在乎短期收益，他们在制订人生计划的时候跨度一般设置得比较短，追求一步一个台阶，一步一个收益。这给予我们的启示是：每个人的成长节奏不同，忠于自己才是成功的秘诀，别因外界的纷扰而乱了心弦，别因眼热别人而乱了脚步。

著名作家石黑一雄说："如果说有一件事是我鼓励你们大家去做的，那就是永远不要随波逐流。"尤其在制订人生计划的时候，如果缺乏坚定的立场和判断是非的能力，跟着别人的脚步和节奏去行走，慢慢就会迷失人生的方向，被困在一纸计划中始终难以逃脱。

没有执行力，再完美的计划都是空谈

有人说："我的文采很厉害，可惜少了点执行力，所以什么文章也没写出来。"有人说："我懂得的道理太多了，可惜行动上差一点，所以依旧过不好这一生。"还有人说："我每次制订的计划都很完美，可惜执行力太差，最后这些计划都被扔在角落里落灰。"

人与人之间的差距体现在哪儿？答案正是执行力。而你无法拥有执行力的原因正在于你不够自强，不够自律，这才让你梦想中的一切都成了空谈。

志杰在看完一本以时间规划为主题的专业书籍后，激动地拍起了大腿，仿佛找到了自己进入职场以来频频碰壁的原因。那天晚上，他为自己精心制订了一份计划：

· 早上6点起床，晨读四十分钟。

· 二十分钟洗漱，准备上班。

· 利用通勤时间背英语单词或者专业知识。

· 8点20来到公司，用半小时的时间列出一天工作清单。

· 上班期间高效完成清单工作，完成一项划掉一项。

· 下班后运动一小时、洗澡、吃饭，晚上8点开始进行高效学习，内容包括理财投资等。

完成这份计划后，志杰心里很得意，他立马将计划发给了好友。好友只给出了一个评价："计划很完美。"志杰满意地点点头。

谁知到了第二天早上，闹钟足足响了十几次，都没叫醒他。站在地铁上，他哈欠连天，根本无法集中注意力。一天的工作结束后，他拿出清单一看，工作任务只完成了3项……

很多人制订计划的时候内心充满了自信，计划做完后却又被丢到一边，自己该偷懒偷懒，该贪玩贪玩。长此以往，他们做的计划越完美，人生却过得越失败。

电视剧《亮剑》里一个情节给人留下了深刻的印象，李云龙和政委商量要组建一支特别小队完成突围行动，政委听了眼前一亮，道："这主意很好，你尽快把这事办成。"李云龙却一拍桌子，干脆道："什么是尽快？我现在就去办！"

李云龙堪称"战神"，他所带的部队战斗力卓绝，从来是说干就干，从不拖泥带水。正因他以坚韧自律、顽强不息的标准来严格要求自己，要求部下，才达到了如此的效果。

反观你我，哪怕有了好的想法，制订了一套完美的计划，却总是懒于行动。更可笑的是，我们还经常拿"等明天再去执行""等有钱就开始启动计划"等没意义的话来安慰自己。

那些比我们成功的人未必有着比我们更出众的资质和条件，他们只是比我们的执行力更强，更懂得自我控制而已。那么，如何提升执行力？

首先，做好吃苦的准备。有人说，最高级的自律，无非是要对自己狠得下心而已。我们总以为自律很难，其实不过是在想放弃的时候逼自己一把；无非是不断地提升自己，弥补那些缺憾与短处，发挥长处。没有吃苦的准备和决心，再详尽完美的计划都是"障眼法"。

其次，很多人在执行的过程中，一旦遇到了阻碍，意志力瞬间土崩瓦解。为了解决这个问题，你反而要将自己的计划做得平实、保守一点，以免高估自己的完成力。

记住，自律习惯的养成并非一朝一夕。执行计划的头几天里，不要对自己的"战斗力"抱有太多的期望。面对一些不那么紧急的"钉子任务"，尽量将它们挪到以后去完成。面对棘手的挑战，要不求助，要不果断放弃。尽量保证自己的执行之路能够进行得更顺畅。

另外，有些人的计划执行不下去，是因为他们发现现实生活里往往"计划不如变化快"。当计划被频频打断的时候，他们再也无法挤出更多精力和信心去制订、执行下一个计划。

其实，变化快不代表没有做计划的必要。只需稍微调整一下计划的目标、内容，执行起来也就更容易。比如说，不妨将长期计划改为短期计划，保证自己能够随时修正；或者为一些意外事件留足缓冲时间，这样一来，哪怕计划被打断，也不至于手忙脚乱。

徐真真在27岁那年由文职转行为培训师。隔行如隔山，一开始她的工作压力实在是太大了。后来，她制订了一份工作计划，让带她入行的前辈帮她把把关。

前辈认真查看后，给出了几点建议："首先，你的计划制订得太'满'，并没有留出多余时间来处理意外事件。要知道培训师是要频繁出差的，制订计划的时候一定要灵活一点。其次，你刚开始做这行，不要急于求成。比如说你规定一天最起码保证三到四次上讲台的时间，这对你而言挑战太大了。不如从一些简单的练习开始，观摩其他人的培训视频，慢慢琢磨技巧……"前辈一边说，徐真真一边点头。最后，前辈手把手地帮助她修改了工作计划。

计划不在于完美，而在于科学合理，这样执行起来才会事半功倍。当然，想要确保执行力，首先要保证你始终能够坚守自律。要知道，你有多自律，就能走多远。

第四章

控制欲望，人活到极致一定是素与简

欲望越多，精力消耗得越多

曾有人一针见血地指出：在这个世界上，没有哪一种占有不需要付出成本。你拥有了一间宽敞华美的房子，付出的是从此成为房奴的代价；你拥有了一款高档汽车，从此必须要花费无尽的维护成本；你拥有了手机，从此被各种垃圾信息所奴役；你拥有了绝好的身材，从此控制饮食，再不敢碰一点油腻……

你占有的越多，心就越来越满，再剩不了多少空间去盛放亲人的爱与关怀，美好的回忆，以及自我对世界真诚的审视。当欲望充斥于生命之中的时候，你会渐渐迷失自己。

北宋时，苏轼仕途颠簸，尝尽人生苦乐滋味。后他被贬黄州，索性放下往日执念，徜徉于山河怀抱之中。一日三餐，饭食清淡，他却慨叹道："人间有味是清欢。"

著名的企业家李嘉诚将一块朴素的西铁城表戴了十几年，衣服更是穿了又穿，简素至极。台塑集团总裁王永庆自我爆料说，他的一条毛巾用了二十七年却舍不得扔。娃哈哈创始人宗庆后向外透露，自己一年消费不会超过五万元。

拥有更多财富的扎克伯格永远穿着最简单的灰色T恤和牛仔裤，开着最普通的汽车，最常去的就餐场所是麦当劳。他骄傲地用极简主义者来描述自己，而不是欲望的奴隶。

古往今来，越是智慧的人越明白，一个人是否幸福，往往取决于他能否摆脱内心欲望的控制及对外部世界的依附。你放下的越多，反而能更清楚地认识自己；你占有的越多，周身的牵绊就越多，难以干净利索地生活在这个世界上。

日剧《我的房间空无一物》的女主角麻衣每天都在琢磨着扔点什么。曾经的她，却是个不折不扣的"购物狂"，她的房间拥挤逼仄，墙上挂满了衣服，桌上堆满了琐物，连床上都放满了一摞一摞的漫画书。尽管如此，她还是控制不住购物的欲望。

有一次，麻衣去同学家做客，惊讶地发现对方家里宽敞、简洁，根本没有多余的物品。她这才意识到，自己的小房间是那样的凌乱不堪。

后来因为失恋，麻衣纠结半晌，还是扔掉了前男友留下的东西。那一刻，她如释重负。因为地震，麻衣和母亲搬到临时公寓居住，母亲望着从家中抢救出来的仅存的物品，感慨至极："生活里真正必要的东西，原来只有这些啊。"

这些变故让麻衣渐渐学会了舍弃。如今的她，生活在无比简素、宽敞的房间里，却倍感轻松、愉快，生活也变得充实起来。

当麻衣不再臣服于内心的欲望，过起了"断舍离"的生活的时候，才赫然发现，曾经那些让我们无比执念的东西，反而对我们的人生产生了负面影响。

在日本掀起极简主义生活风潮的佐佐木文雄曾经是个狂热的CD收藏者，有一天，他突然对这种拥挤的生活产生了厌倦。于是他扔掉了大部分物品，只留下简单的衣物和空荡荡的房间。佐佐木文雄说："你自己才是生活的主角，而不是物品。"

而占有这些物品的代价，是无数时间和精力的白白流逝。当他尝试着放下这些欲望的时候，他内心的空虚感一扫而空，对未来的方向也愈发坚定起来。

从能量守恒的角度来说，某方面的得到，必然会带来某方面的失去。你的房间里摆满了鞋包衣物，就失去了休息和思考的空间；你拥有了更多的朋友圈里的点赞之交，却失去了知心好友的问候；你拥有了越来越多的金钱，却失去了少年时期最真挚、纯真的体验。

德国现代建筑大师路德维希·密斯·凡德罗提出"less is more"的设计理念，后来，这种建筑风格理念却整整影响了一代人的人生规划，产生类似效果的还有梭罗的作品《瓦尔登湖》。

只因"少即是多"的背后隐藏着如此深刻的含义：只有积极地为欲望减负，学会"断舍离"，人生才能变得更加高效简洁，专注有力。

乔布斯的家里只有一张床垫、一把椅子，一张Tiffany桌灯，一张爱因斯坦和马哈拉杰·吉的照片。1997年，他回到苹果公司，刚一上任，就毫不留情地停掉了七成的项目和绝大部分毫无特色的产品。面对底下员工的议论和抗议，乔布斯没有解释太多，只让大家专注于iMac、iPod、iPhone、iPad的研发工作中去。

设计iPhone4的时候，乔布斯也只提出了一个要求："将最复杂、最强大的功能最大程度地予以简化。"结果iPhone4一经面世，便成为新时代的宠儿。

我们生活在一个物质丰富的现代社会，各种商品琳琅满目，而给予我们的选择越多，我们反而变得越痛苦。

乔布斯却说："所有你需要的就是一杯茶，一盏灯还有美妙的音乐。"人的灵魂必需品，都不需要花太多钱购买。你占有的越多，就越难以挪出时间和精力去关注真正有意义的人和事。

只有学会做减法，深耕细作，日积月累，才能成就一段真正有意义的生活。

保持一颗素心，就会减少烦恼

毋庸置疑的是，生活中的大部分人都是普通人。也许，我们终其一生也等不来梦想中的奇迹；也许，我们注定会走向平淡无聊的结局。而这些，都不是我们自暴自弃的理由。

人的所有苦难来自内心的贪婪与欲望，正因求之不得，舍弃不下，才辗转反侧，浮躁难安。而在浮躁的时候，平常心就显得尤其重要。保持一颗素心，是消除烦恼的好办法。

作为普通人，我们没必要被别人的高标准严要求所束缚，也没必要被自己内心的欲望所绑架。雄心万丈的人自然有机会获得成功，但怀有一颗素心之人，有时候反而能做成更多事情。

烈日高挂，酷暑难耐。寺院后墙脚下的草枯了一大片，小和尚焦急地对师父说："好难看啊，不如翻开泥土，重新撒点草籽吧。"

师父微笑着摇摇头："等天凉再说吧，不急不急，随时。"

过了中秋，有一天，师父提着一大包草籽，交给小和尚，说："去播种吧。"小和尚扛着锄头，欢天喜地地来到了后墙脚下。他小心翼翼地翻开泥土，捧起一把草籽，撒向地里。

秋风乍起，大半草籽还未落入土中便被风卷入空中。小和尚急了，连连喊道："师父，不好，草籽被风吹走啦！"

师父却微笑着说："不急，不急，能给风吹走的草籽多半中空，哪怕被种在土里也不会发芽。随性。"

又过一会儿，天上飞来几只喜鹊，啄食起土里的草籽。见小和尚又急了，师父依靠在大树底下，慢条斯理道："草籽准备甚多，几只鸟儿能吃多少？随遇。"

那天夜里，天降大雨。小和尚摇醒师父，焦急道："雨下这般大，草籽肯定都被冲走了！"师父打了个哈欠："冲到哪儿就在哪里发芽，随缘。"

没过半个月，有一天，小和尚蹦蹦跳跳地找到师父，欣喜道："后院的草籽发芽啦，真好看！"师父翻着经书，漫不经心道："随喜。"

寺庙中的师父始终怀揣着一颗素心，以此看待世事变化，沧海桑田。这份平常心的背后，是世人难以企及的洞察力，而他们乐观豁达的心态更令人羡慕不已。

我们普通人在面对环境变化之时，心绪却难以平静下来。有时得意、狂喜；有时傲慢、自满；有时沮丧、痛苦；有时煎熬、妒忌。我们如此脆弱，是因为从一开始的时候就被灌输了一种狭隘的世界观，之后更在社会的浸染下，变得越来越功利。

普通人大多难以进入禅院高僧那般物我两忘的境界，但我们至少可以将人生当成一场修行，穿梭于纷纭世事间，努力去修炼心境，坚韧灵魂。顺时，不得意忘形；败时，不灰心丧气，无论身处何时何地，始终保持着一颗平常心，坦然面对一切。

人生贵在一颗素心。这要求我们放下急功近利的浮躁情绪，淡然面对得失。在屡屡受挫，力不从心的当下，及时收拾心情，捋清思绪，力所能及地做好手头的每一件事。

如此，你不会稍遇坎坷就患得患失，如秋风中的落叶般自乱阵脚，仓皇无助。无论外界如何变化，你也能守住内心的那一分清明。

人生贵在一颗素心。这要求我们放下对他人的眼红与妒忌。每一分成就背后都写满了痛苦与心酸，如果你不曾走过同样的路，就连嫉妒也失去了资格。这种阴暗的情感反而会拖累你的脚步，让你始终无法解脱。不如抬头看天，埋头做事，只专注自己的路。

人生贵在一颗素心。这要求我们宽容看世态，从容待众生。哪怕是面对责难，面对误解，面对不公，始终宽容以对，笑对人生，哪怕狂风骤雨也能泰然处之。

长久以来，夏丹对自己要求甚严。但最近一段时间里，她仿佛陷入了生命的"沙漠地带"，迟迟难以解脱。当年夏丹和李琪同作为优秀学生毕业，夏丹去了某世界五百强公司工作，李琪却回到了老家，当了一名普通的公务员。

夏丹生性好强，眼瞧着周围的同龄人都很优秀，更是将所有的时间和精力都投注于工作中，一心希望与同事们争个高低。让她不舒服的是，她熬夜加班赶出来的方案却总也入不了上司的眼，后者的诘难与偏见让她颇受打击。

工作进展不顺也就罢了，夏丹的感情也出现了问题。正在这个当口，同学李琪却联系到了她，得知李琪如今工作稳定，生活美满，且正在筹备婚礼，夏丹一阵失落。强烈的嫉妒情绪笼罩心头，让她始终难以平静。

夏丹明白自己走入了情绪的怪圈之中。为了拯救自己，她毅然辞去了工作，坐着火车去了西藏。那儿素简的建筑，高远的天空深深打动了她。看到纳木错湖的一瞬间，她的心突然安静下来，仿佛找到了生命的意义。在旅行日志中，她用娟秀的字迹写下：生命漫长又短暂，人类生来渺小又伟大，每个人都该保持一颗素心去面对这纷繁世界。

人生之路上向来悲喜交加，时而阳光明媚，时而暴雨狂风。少了一颗素心，便多了很多烦恼。不要迷失了自我，被欲望烤焦；不要被挫折打垮，将理想丢失在黑暗之中。

保持心的素净，始终坚持脚下的路，默默前行，却足以抵抗一切的不如意。

别让外物束缚内心的自由

现实生活中，有太多人被"外物"蒙蔽了双眼，牵绊住了脚步。我们总是因为得到了一些东西便欣喜若狂，得不到就失落沮丧，好比上了鼻环的牛，被牵到哪儿是哪儿，从头到尾都随着外界境遇的改变而忙得团团转，自己的心却始终做不了主宰。

那么，何为外物？所谓"外物"指的是脱离自身以外的一切事物。比如说自然环境，比如说功名利禄，比如说你的经历与遭遇，或者你苦苦追寻的目标，等等。记住，将自我情绪乃至人生的操控权都拱手让出的人，永远得不到内心真正的安宁与自由。

洞山良价禅师圆寂之前，命人为他剃发披衣。一切准备好后，禅师在寺院苍劲雄浑的钟声之中俨然坐化。弟子们悲声大哭，整整持续了一个小时。禅师缓缓睁开眼睛，淡淡道："出家之人，心里不要为虚幻的外物所牵制，才是真正的修行。"

禅师的话掷地有声，敲醒在座弟子，也警醒了世人。但凡高僧，首先要舍弃的是对凡尘俗世的留恋和对一切外物的欲望，心甘情愿地过精简、朴素的生活。普通人或许难以企及高僧们的佛法成就，却也能通过放弃某些不必要的执着，在某一刻达到自如了悟的状态。

过于依赖外物，必会因无穷无尽的诱惑而迷茫仓皇，从此背离豁达的心境。古往今来，人们最容易被名利财富所困。有人为了追寻一时的好处，情愿牺牲人格，出卖本心，殊不知虚名假利如泡沫，往往一戳就破，它会带着你的尊严永远消逝在风中……

老头生活在老城巷道之中，他守着一个简单的剃头担子，生活平平淡淡，却有滋有味。他收入不高，却有着极多的爱好。"上班"前，他习惯在自己的紫砂壶里泡上一壶浓浓的茶，悠闲地躺在竹椅上，等着生意上门。

"下班"后，他要不坐在巷口，和邻居们拉拉家常，要不提着鸟笼去花市逛一逛。对于这种生活，老头一直很满足。后来发生的一件事却打破了这种平静。

有一天，老头正捧着紫砂壶躺在竹椅上，一位文物商人正好经过他身边，目光无意间落到了老人的紫砂壶上。商人立马停住了脚步，和老头攀谈起来。他向老头讨要那壶，拿到手中观察了下，断定那是清代制壶名家的作品。

商人又惊又喜，立马请求老头将紫砂壶卖给他，而他的出价是十万元。老头惊呆了，他找了个理由将商人打发走，早早地收拾了摊子回到了家里。那夜，他捧着紫砂壶，翻来覆去怎么也睡不着觉。握在手中，他怕自己不小心睡着会将壶打碎。放在桌上，他又疑心会被人偷走，老头有生以来第一次这般煎熬。

从第二天起，上门的人突然多了起来。邻居们借故来他家中查看，不同地方的文物商人们来了一拨又一拨，追问他是否还有别的宝贝。更恐怖的是，不时有亲戚上门来借钱，老头一开口拒绝，亲戚们就堵在门口，哭闹不休。

半个月过去后，老头整整瘦了10斤。他坐不住了，那天他突然当着所有人的面，狠狠地摔烂了紫砂壶。众人默默散了，不久后，他的生活又重回平静之中……

渴望权势，奢望财富，乞求盛名，生命只会因为你的欲望而背负上无穷负累。所谓的"真性情"却能换得"常自在"。当心灵免除了一切外物干扰，我们的生活也将随之浸浴在平和的气氛之中，不再因人生中的悲欢离合而痛苦自抑、喜怒无常。

过于依赖外物，便忘了倾听内心的声音。对于现代社会而言，速度和效率是永恒的追求。处于这种环境中的我们，只顾着跟在别人身后追逐热点，慢慢便丧失掉自我。

过于依赖外物，更会阻碍你的成长。只要你能勇敢地向前拼、不顾一切地向前闯，总有一天，你会与梦想中的自己不期而遇。但若在成长的某一时期里，你将外物当成拐杖，死活不愿意撒手，你的眼光只会变得越来越狭隘，路也会变得越来越窄。

王庆小时候跟着邻居家的哥哥学习溜冰。一开始，王庆无法掌握平衡，动不动就会摔倒。当他想要放弃的时候，哥哥给他拿来了一把椅子，让他推着椅背，慢慢向前滑行。

椅子稳稳当当地立在冰面上，成为王庆唯一的依赖。他推着椅子前行，慢慢地，滑倒的次数减少了，他像站在平地上一般行动自如。

王庆开心极了，紧紧握着椅背不撒手。一个星期后，哥哥来到溜冰场，见王庆还在一个劲儿地推着椅子，默默走上前来，想要将椅子搬走。王庆急得哭了起来，一个劲儿地嚷道："别，别，我会摔倒的！"

哥哥却皱眉道："相信我，你不会摔倒的。"哥哥坚定地撤走了椅子，王庆摇摇欲坠，差点摔了个跟头。他用尽全身的力气，站稳了脚步，之后欣喜地发现，自己竟然在滑溜溜的冰面上自如地穿行起来。

王庆呆了，哥哥却道："当你过分依赖椅子的时候，它反而会阻碍你的成长。当你勇敢地放开椅背，才有机会发现自己早已成为真正的'行家'的事实。"

没人会带着椅子去溜冰。行走在人生的道路上，某一时期里，外物也许能给予你一定的帮助。但若你过分依赖它，学不会及时撒手，就永远得不得真正的自由。

为什么人的权力欲望会不断膨胀

古人用"人心不足蛇吞象"来描述人们对于权力的追逐与渴望。每个人都渴望拥有自己的权力，罗素在其著作《权力论》中将其称为"人的本性"。

然而，正如社会学家查·科尔顿所言："要想知道掌权的快乐，就去问它的追寻者；要想知道它的痛苦，就去问那些当权者。"没权的时候想有权，有权的时候定会肆意弄权。欲望的膨胀之路好比"泄洪"，一旦开了个口，就会止不住地一泻千里，直至摧毁自己的精神世界。

那么，权力究竟意味着什么？它为何会不断膨胀？透过一个寓言故事，可窥探一二。

老虎、鹿、山猪和狐狸共同生活在一片森林里。有一天，一只绵羊闯入了狐狸的领地。狐狸匆忙召集大家开会，商量如何处置这只羊。等大家都聚齐后，老虎沉稳指挥道："先将这只羊分成四份。"

狐狸点点头，开始忙着分起绵羊肉来，山猪和鹿在一旁帮忙。老虎却站在一旁，神色不定，不知道在想些什么。

绵羊肉分好后，老虎指着一块最大的肉说："这块肉应该归我。"狐狸有点不开心，可是见老虎周身威严的气派，还是勉强同意了。

老虎见无人反抗，眼珠滴溜溜乱转，指着另一块肉说："这块也应属于我。你们有意见吗？"鹿和山猪对视一眼，忍气吞声地摇了摇头。

老虎笑了，指着第三块肉说："这块我也要了，你们合分剩下的一块肉应该够了吧？"

"为什么？"狐狸不悦，问道。老虎板起面孔："因为我是森林之王，我的权力最大。"狐狸、山猪、鹿不敢多说什么，只得同意了这个无理的决定。

"慢着。"老虎又轻蔑地笑了起来，道，"我改变主意了，这四块肉都应该属于我！"

老虎在尝到了权力为它带来的好处后，"胃口"也越来越大，最终独吞下了整块绵羊肉。可以想见的是，它会在权力这条路上越走越远。

自然界的某些规则与人类社会无比契合，比如说，对于权力的追求。昔日的美国总统林登·约翰逊说："每个人都渴望权力，如果他说他不想，那么他在撒谎。"可见，权力对于人们的诱惑有多大。只要你身处现代社会，你就不可能游离于权力之外。

人们对待权力，基本上可分为四种态度：畏惧、好奇、崇拜、迷恋。临近最后一个阶段，你的目的一定会变成：将权力无限扩大化。为什么人们会对权力如此热爱与渴望？

首先，追逐权力是为了获得自我利益。一个人权力越大，他对别人的影响力就越大，也就越能自如控制周围环境。优先资源分配权，为他们谋求私利创造了便利条件。

现实生活中，一些人通过管辖权、管理权来为自己谋利的现象屡见不鲜。他们被愈发膨胀的权力欲望侵蚀了人格尊严，早已背离了最初的道路。

其次，想通过权力制约别人，让别人听从于自己。群居生活是人类社会的显著标志，在这个大群体中，每个人都希望受重视，乃至让别人无条件地服从自己。

权力大小意味着地位的高低。当你对"高人一等"生起渴望的时候，你的权力欲望就此产生；当这欲望一定程度上得到了满足，此后必会无限制地蔓延开来。

最后，有的人是想通过追逐权力来实现创建"理想国"的梦想。一些人生来志向远大，当他们在追求权力的时候，实际上是在追求自己的"乌托邦"，追求更大的责任承担。

他们深知，权力会赋予他们实现梦想的能力，这时候，权力便成了他们唯一的选择。然而，权力足以成就一个人，也足以毁掉一个人。不是任何人都有自如驾驭权力的能力。

当你将权力视为工具的时候，小心它会膨胀、反噬掉你的灵魂与梦想。很多人抱着改变世界的梦想出发，却在追逐权力的过程中渐渐被世界改变，变得面目全非。《红楼梦》中的贾雨村就是典型案例。

贾雨村生得腰圆背厚，剑眉星目，寄居葫芦庙时的他志向远大，一直渴望着能够科举中榜，顺利实现政治抱负。却无奈囊中羞涩，只得靠卖文作字为生。住在隔壁的甄士隐钦佩贾雨村的抱负，解囊相助，贾雨村这才有了上京的盘缠。

后来，贾雨村考中进士，成功当上了知府。掌握了真正的权力后，他的内心悄悄发生了变化。为了能平步青云，贾雨村一改文人的清高品性，一面贪酷徇私，一面巴结权贵人士，做下无数丑恶事端。东窗事发后，他不得不脱去一身官服，为自己的罪行付出代价……

因权力贪欲不断膨胀，贾雨村从一个志向高远的文人蜕变为虚伪势利的小人，叫人喟叹不已。佛说，不知足的欲望都是坏的欲望。不受制约的权力欲望会将个人的精神品质吞噬殆尽，对整个社会而言，它能造成更大的伤害与灾难。

一箪食，一瓢饮，不改其乐

孔子最喜欢的学生是颜回，他评价后者说："一箪食，一瓢饮，在陋巷，人不堪其忧，回也不改其乐。贤哉回也。"

意思是说："颜回用竹碗盛饭吃，用木瓢舀水喝，他一直住在简陋破旧的小巷里，每每别人谈起，都说这种生活实在让人难以忍受，而颜回却能做到知足常乐，真是高尚啊。"

知足，是一种生存智慧。纵使广厦万千，你夜眠之时也不过七尺；哪怕山珍海味，饱腹却只需三餐。对于生性自律的人而言，生活无非是简单一点，再简单一点。

明朝金溪人胡九韶家境贫困，为了能够养家糊口，他一边做村里的教书匠，拿微薄的报酬；一边努力耕作，各种农活样样拿手。

尽管如此，家里的处境始终难以改变。面对妻子的抱怨，胡九韶一笑了之。每天黄昏时分，他都要到门口焚香，朝天恭拜，口中念念有词："感谢上天又赐予我一天清福。"

妻子气极反笑："我们一日三餐都食菜粥，何来清福？"

胡九韶缓缓说："你我生在太平盛世，并无战争兵祸，此为一福。我们全家人有饭吃有衣穿有房住，不至于流落街头，此为一福。况且，我们家既没有病人也没有囚犯，这是多么幸运的事啊。这三种福气加起来，可不就是清福吗？"

也许，你没有过人的才情，动人的美貌，也没有显赫的身世背景，和丰富璀璨的人生阅历。但只要你有一颗知足常乐的心，眼前的天地只会变得越发广阔明朗。

知足常乐的反义词是贪得无厌。知足常乐的人，贫穷亦乐；而贪得无厌的人，富贵亦忧。若是仔细想想，你会发现，自己拥有的东西已经足够多了。如果你听从贪欲的教唆，费尽心力去强求那本不属于你的一切，反而会赔上你的未来。

陶渊明说"采菊东篱下，悠然见南山"。他远离尘世喧嚣，在寂静田园中感悟到了人生最大的乐趣。刘禹锡说"苔痕上阶绿，草色入帘青"。他挣脱名利枷锁，身居陋室却怡然自得，反而体现了另一种积极的人生态度。

知足者，并非放弃追求，而是对现有生活的肯定。只因人生一世，不过短短百年。以透支未来幸福为代价，频频追求不属于自己的东西，不是享受生活的本意。

我们身边从不缺乏这样的人，虽然收入一般，却总是以"人生得意须尽欢"为借口，只顾追求所谓的高品质的生活。这些"月光一族"和"卡奴"们周身奢侈品，没事就和狐朋狗友们吃吃喝喝。他们表面风光，骨子里却被这种荒唐无节制的生活压得喘不过气来。

真正意义上的享受生活，是一种明察洞彻的态度，是珍惜现有的幸福。你会惊叹，亲人的关爱、朋友的问候是多么美好的事情；你会感慨，一杯香茗、一本好书是何等的写意与宁静。哪怕清晨的一缕阳光也能让你发自内心地笑起来。幸福仿佛唾手可得。

萧瑟寒风中，卖烧饼的老夫妻推着小车缓缓拐过街角。他们紧紧握着一只小铁盒，那是他们今天所有的收入。天黑之前，他们终于赶回家中。这是个简陋狭窄的小房间，却被收拾得干干净净，桌上还摆上了一枝假花。

老夫妻就着昏黄的灯光，数起了铁盒里的硬币。只听老头惊喜道："今天比昨天多挣了50元！"老妇脸上的笑容满溢开来，说："今天给你加餐，咱们吃点好吃的。"说着，她洗手做起晚饭来。老头帮她打下手，两人有说有笑，非常满足。

与此同时，一个腰缠万贯的富翁却将自己关在高楼之上的办公室里痛哭流涕。不久前，他将自己大部分资产都投入了股市之中，准备大赚一笔。让他揪心的是，这段时间以来他买的股票大跌特跌，终于在这天夜里跌破了30个百分点。

这意味着他的财富大大缩水，他已经被无情地踢出了富翁的行列。他想到这里，感觉天都快塌了，不知道该何去何从……

如果两种"橘子式的人生"摆在你的面前，你会选择以什么样的态度去面对？一种大而酸，一种小而甜。

有的人会抱怨大橘子太酸，吃起来受罪，小橘子虽甜，吃起来却不过瘾。有的人拿到了酸的橘子却感谢它的大，拿到了小的橘子却感谢它的甜。如果你是后者，一定活得极其快乐自由。只因知足者，向来是最快乐的那群人。

哲人说："快乐不在于事情，而在于自己。"哪怕人生不如意事十之八九，知足常乐的人却能始终保持着乐观积极的情绪和豁达的心态。对过去，他们无怨无悔；对现在，他们不骄不躁；对未来，他们始终充满期待。

无论未来将面临多少艰辛与坎坷，于他们来说，当下的满足与快乐足以支撑他们勇敢地走下去，用自信乐观的心态去抵抗一切挑战。

为何因一件睡袍换了整套家居

你是否经常有这样的体验：抱着购买一件睡袍的想法走入商场，几个小时后，拎着重重的购物袋，在拥挤的人流中穿梭前行的你，想起下个月的"花呗"账单不由得叹了口气；进家居市场前只想买一个木板凳，逛着逛着，你恨不得换了整套厨房装备……

满屏幕的明星代言广告，明亮橱窗里精致的名牌包包，朋友圈里令人羡慕的"晒单"都在诱惑着你"买吧，买吧，买了你就能快乐"。

现实却是，随着欲望水涨船高，你就算买空了钱包，也买不来长久的满足与快乐。在这个第三方支付无比快捷的时代，不够自律的人很容易陷入疯狂的购物欲中，就此沦为欲望的"阶下囚"。心怀自律，却能帮助你从无穷无尽的物欲中抽身而出。

电影《搏击俱乐部》的主角泰勒任职于汽车公司，身为独居男子，他十分孤独。泰勒人生最大的乐趣，是反复阅读家居杂志上的宜家室内装潢广告，凡是喜欢的产品立即下单。他的目的是用那些精美的沙发、桌椅、地毯、壁画来塞满自己的房间。

但"买买买"的生活并未能有效填补泰勒心理上的空虚，他的失眠症反而变得越来越严重。生活灰暗无比，直到他的房子因为煤气泄漏发生爆炸，他熬夜买来的精美家具、厨房用品被炸成了一堆黑渣。这件事让泰勒这个购物狂彻底地走向了另一条人生道路。

我们身边购物成瘾的普通人有着很多相似之处：没有积蓄，纵使欠下一屁股"卡债"也控制不住购买的欲望；生活、工作、爱情屡屡陷入危机之中……

而他们身上最大的共通点正由于不够自律。在物欲面前，他们往往屈服于冲动。殊不知，恬淡素简方为福报；淡饭粗茶才是洁净。只有学会自我控制，才能摆脱对物质的迷恋。

自律的人，消费观念理性而克制。对他们而言，除了生活必需品和另外一些有意义的、能给人生带来价值的商品外，任何单纯满足"面子"的购物行为都该被摒弃。

自律的人，往往有着更高的尊严，他们能居高临下地审视自己的生活，将人生牢牢握在手中，绝不会任由自己败给心中的魔鬼。

"双十一"前一天晚上，钱翠翠将所有的银行卡、信用卡连带着整个手提包都交到了男朋友手上。她信誓旦旦道："这个'双十一'，我不能再买了，再买就得'剁手'！你得好好管住我。"

到了第二天，翠翠给正在上班的男朋友打电话道："赶紧将包包还给我，终于熬过了这个'双十一'。"男朋友笑道："'双十一'得持续好几天，你还得再加油努力！"

上午10点半的时候，男朋友加班回家，发现气氛有点不对劲。翠翠哭兮兮地解释道："昨天我才发现我的包上磨破了一块皮，正好同事说有个靠谱的卖家正在转手一批全新的LV包包，我一看这么便宜，就找同事借了1.5万元买了个新包……"

看着翠翠捧在手里的新包，男朋友又惊又气，不知道说什么好。

李安曾借由电影台词说过这样一句话："人的一生，其实是和自己的欲望相处的过程。必须承认，我们每天都在面对内心的欲望。"购物欲是普通人最难以逃脱的樊笼，只因对于普通人而言，享乐很容易，而自律仿佛是最艰难的事情。

其实不然，你若能用更快乐更有意义的购物方式去代替心中的欲望，一切都将变得简单起来。很多人一旦了解到购物欲的危害后，不自觉地想要逃脱这个陷阱。他们打着自律的旗号，拼命压抑物欲，妄图想一天之内"改过自新"。

然而，过分的压抑并不能带来真正有效的自律。对于一个购物成瘾的人来说，短期内过度压抑的后果通常是一场又一场的冲动性爆发。这时候，因为一件睡袍换了整套家居的不理性购物行为可能会发生得更加频繁。

要知道，强烈的物欲一定有个慢慢降低的过程。只有经过长时间的沉淀，心才会静下来。将自律的习惯刻印入每一日的行程之中，时刻警醒自己，才不容易"犯规"。

生活中，控制购物欲的小窍门有很多。首先，很多人之所以屈服于物欲，是将它当成了发泄情绪、缓解压力的渠道。这时候，你除了要正确对待生活、工作上的压力，还要找到其他比较合理的释放情绪的途径。比如说，和亲朋好友聊聊天、读读书等。

其次，最好养成记账的好习惯。随着手机支付越来越普及，购物中现金交易的情况变得越来越少。绝大部分情况下，你很难意识到自己的支出是否超过了预期。将每笔支出都如实记下，一些没必要的损失就能直观地显现在你面前。既方便查看，又能随时提点你自己。

最后，每次冲动付款前，别急着掏出手机和银行卡。调整呼吸，告诉自己"明天再过来吧"。当你的购物热情被及时刹住后，很可能便戛然而止。除此外，请记住，人贵在自律与坚持，再强烈的购物欲望也会因你的坚持而慢慢消退、降低。

快节奏时代，慢下来才能找到真正的自己

在这个物欲横流的世界中，绿灯三分钟一次，地铁五分钟一趟，效率、快节奏几乎成了时代的主题。古人说"乱花渐欲迷人眼"，柜台里的商品越是丰富，沿途的风景越是繁华美丽，就越容易迷失真正的自己。殊不知对欲望的克制才是自律的根本。

自律是对欲望的自我管理。当我们在欲望的驱使下加快脚步，急躁冒进的时候，损失的不只是内心的一片清明，还有当初那个单纯的自己。

一个年轻人去寺庙里烧香拜佛，他问住持："方丈大人，我周围的朋友都获得了想要的成功，您说以我的资质，何时才能如他们一样荣华加身，富贵临门？"

住持打量着年轻人，吐言道："十年。"

年轻人面露不满，追问道："需要那么久吗？那如果我积极进取，快马加鞭呢？"

住持摇摇头，淡淡道："那得要二十年。"

年轻人急了，大声道："如果我不休不眠地努力，多久才能跟上朋友们的步伐？"

住持笑道："这样一来，你能否成功老衲不敢言说，但老衲敢断定，你一定会迷失路途。"

见年轻人疑惑不解，住持解释道："你的欲望太强烈，行走的步调一定会紊乱。你越是急于求成，能够得到的一定远远小于你所失去的。"

美国管理大师史蒂芬·柯维在他的名著《高效能人士的七个习惯》里曾经点明："不自律的人就是情绪、欲望和感情的奴隶。"

当社会节奏变得越来越快，年轻人的眼睛只顾盯着结果的时候，一方面他们会忽视对自我基础的打造；一方面他们也会失去各种细微却值得用心感受的幸福。

当周遭一切都在快速旋转的时候，你对功名利禄的渴望、对出人头地的欲念变得越来越强烈。欲望催你上进，却也会成为你通往幸福路上最难以跨越的障碍。可以说，你若学不会管控自己的欲望，就会在前行的道路中变得越来越面目全非。

世间的荣华富贵、美好事物多得数不过来，一开始，我们认为占有的越多，就能变得越满足快乐。于是变得越发地心浮气躁，蝇营狗苟只为了能获取更多利益。

然而，越是求快，越容易做下"丢了西瓜，捡了芝麻"的蠢事。一些人正因求之不得而又舍弃不了，目光越发混浊不堪，灵魂布满污点。他们早已忘了自己当初出发的目的。

管理不了内心的欲望，自律从何谈起？或者说，不学会自律，怎能让这浮躁的心慢下来，让灵魂重归轻盈与美好呢？

无论是普通的游戏还是复杂的人生，"少即是多，慢就是快"的道理同样适用。曾国藩从小就立下了金榜题名的大志愿。他对科举中榜的渴望越强烈，就越是专心致志于每一篇古文的朗读背诵中，慢慢积累着自己实力。他踏实中肯，不敢有丝毫的含糊。

据说少年时候的曾国藩有一次晚上读书时，反反复复地诵读着同一篇文章。结果梁上的小偷一怒之下从房檐跳下，讥笑曾国藩资质平庸，不是读书的材料。

一晃多年过去了，贪求捷径的小偷不知在何处，一直保持着高度自律的曾国藩却成了国之栋梁，就此流芳百世。只因后者深知放慢脚步，反而能获得更多回报。

自认文采不俗的梁凡在手机上安装了某款写作类App后，就此开始了自己的创作。每一次他都心急火燎地将笔下文章第一时间发布、投稿，每隔两小时就登录网站查看点击率。

梁凡从小梦想着成为一名作家，随着自己的文章在网站上的点击率不断升高，他的成名欲望更强烈了。有一天他发现自己的一篇文章被编辑"顶"上了首页，瞬间欣喜若狂起来。他不停地幻想着自己功成名就，收获一票粉丝的样子，内心膨胀到了顶点。

想要趁热打铁的梁凡冒出了出书的想法。他辞去了工作，专职写起稿来。两个多月后，他的第一部小说完成了。梁凡将稿件寄向心仪的出版社。谁料最后他竟四处碰壁，一位编辑老师不客气地回复道："你这篇小说逻辑混乱，错字连篇，根本达不到出版要求！"

梁凡却非常不服气，纵使生活变得糟乱不堪，他却始终执着于自己的作家梦，丝毫没有意识到自己已经迷失在了追梦的路途中……

当"快"成为所有人的追求的时候，能够一步一个脚印、扎扎实实下苦功的年轻人越来越少了。大多数人因不够自律，做事总想着找捷径，期待着能一夜暴富、一步登天。殊不知过于求快的结果只能是平庸一生。

有时候，慢下来，反而能加快整体的进程。放慢心境，将欲望层层过滤，你会发现生活最澄澈、本真的模样；放慢脚步，给予自己成长的时间，你最终会收获一个内心丰富、灵魂充裕的自己。

学会止损，更要学会止盈

可以说，股市最能展现人性的贪婪与恐惧。大起大落的股市，象征着大开大合的人生。想要做人生靠谱的操盘手，除了要学会止损，更要学会止盈。

侯荣平时喜欢炒股，有一段时间股价疯狂上涨，他激动地将所有积蓄都投进了股市，不久便收获了超额的回报。侯荣内心迅速膨胀起来，他换了一身名牌服装，并迅速买了辆好车，一副意气风发的样子。身边的一位前辈浸沉股票市场多年，那段时间一直不停地劝侯荣见好就收，让他赶紧减仓、配资。侯荣听了却十分反感。

一次聚会上，侯荣对几个股民朋友说："这会儿正是行情好的时候，我刚买车，还想着再换套房子呢。"那几个朋友刚在股市中赚了点钱，连连点头称是。一旁的前辈却叹了口气。

不久，"熊市"袭来，股价大幅下跌。一开始，侯荣不甘心退出，总想着能绝地反弹。于是他咬着牙死扛、抢反弹、抄底……

等到侯荣想退出股市的时候已经来不及了。不到一个月里，侯荣的积蓄连带之前赚的钱赔得一干二净，他只好走上了卖房卖车的道路……

投资的时候，为了防止高位套牢引发更多的损失，在事先设定的位置上认赔出货的操作手段，被称为"止损"。反之，"止盈"则意味着在盈利的位置上及时出货。

"止盈"法则给予我们的人生启示是欲望需适可而止。大多数人虽然深谙见好就收的道理，关键时刻却难以做到。最大的原因在于，他们始终不够自律，不够坚定。

中国人向来讲究分寸，而止盈止损正是这一思维的体现。分寸靠什么把握？靠的正是自律。失去了自律，你会在欲望的道路上一骑绝尘，而"终极满足"则成了永远不可能存在的事情。始终保持高度的自律，便能牢牢把握这份分寸感。

所谓"水满则溢，满弓易折"，对物欲的追求、对繁华世界的向往让我们有了前进的动力。但若欲望过满、过多，除了能带来情绪上的困扰外，最可怕的是，它还会蒙蔽你的双眼，纠缠你的思维，干扰你的判断，直至你做出错误的、足以后悔一生的选择。

你若没有足够的自控能力去扎紧欲望的风口，只能眼睁睁地看着膨胀的野心将你吞噬。正如股市中，不懂止盈反而会葬送以往辛辛苦苦积累的财富；人生中，从来不乏年轻有为的青年才俊被永不知足的欲望吞噬了梦想，摇身一变成了贪官污吏，步步滑入万劫不复的深渊。

古人有云："人苦不知足，既平陇，复望蜀！"妄想占尽甜头，一定会付出的越来越多；锋芒若是毕露，只会引来很多不必要的麻烦。事事都想做到最好，拔得头筹稳夺第一，而学不会止盈的道理，就一定会被欲望绑架。

宋仁宗年间，一个小村落里生活着母子二人。儿子王妄有一次打猎的时候救了一条花蛇。后来他的母亲突然病重，王妄焦急无比。之前所救的花蛇突然口吐人言，对他说："你从我身上取三块小皮，和野草一起煎熬成汤，让你的母亲喝下去，病情自会好转。"

王妄又惊又喜，依言照做，母亲的病果然见好。这件事之后，王妄听说宋仁宗广贴告示，向老百姓征询夜明珠，而献上夜明珠的人就能封官受赏。

王妄动了心，拿此事恳请花蛇。那蛇沉思半晌，道："我的眼睛就是两颗夜明珠，你若挖出一只献给皇帝，就可以升官发财，老母亲也能安享晚年了。"

王妄感谢不已，狠心挖出了花蛇的眼珠。靠着它，他果然被封为丞相，还被赏赐了很多珠宝。王妄的胃口越来越大，当他听说当朝公主病重，皇帝下诏说能救助公主的人会被封为驸马的时候，他再次找到了花蛇，想挖出花蛇的肝去救助公主。谁知，花蛇瞬间变成大蛇，一口吞没了他……

　　王妄的人生因为花蛇的报答而逐渐步入正轨，他非但没有满足于此，反而步步紧逼、得寸进尺，最终付出了生命的代价。这个简单的寓言故事无疑给了我们当头棒喝。只因生活中做不到见好就收，永远索求着更多回报的人比比皆是。

　　古人说"欲望适度则为利，欲望过涨则为害"。你若输给了心中的贪欲，极有可能将辛苦赚来的本钱"吐"回去，毁了目前美好安稳的一切。若能自律自省，自知自爱，反而能保持本心的澄明和双眼的锐利。

　　面对灯红酒绿的世界，始终自律克己，不断清空物欲、俗念，保持内心的恬淡安宁，才能收获幸福的人生。

第五章

自律，是为了让财富如清风般自来

君子爱财，取之有道

"君子爱财，取之有道；小人放利，不顾天理。"古人一向以这句话作为自身道德行为之导向。对于今人来说，这也是亘古不变的真理。

钱财是生活必需品，每个人都希望能够拥有更多财富。从另一个角度来说，财富也是一柄双刃剑，当你自清自律，很好地把握住了尺度，财富可助你实现梦想，让你的生命变得更有厚度。反之，你就会沦为财富的奴隶，深陷泥潭无法自拔。

齐国君主曾派人送了百金给孟子，孟子严词拒绝。第二天，薛国又派人送来五十金，孟子欣然接受。见孟子态度反复，他的学生陈臻百思不得其解。

后者大着胆子问道："如果说您昨天没有接受齐国赠送的黄金是对的话，那么今天您接受薛国所赠黄金就是错的。反之，如果您今天做对了，昨天就做错了。这是什么道理呢？"

孟子解释道："我对齐国并无多少贡献，齐国君主却赠金与我，显然是想收买我；而我之前在薛国的时候，因当地发生战争，我曾为薛国设防之事费心费力，理应收取适当的报酬。"

见陈臻豁然开朗的样子，孟子进一步解释道："君子岂能让人用金钱来收买？所以，或辞而不受，或受而不辞，在我看来，都是根据道义来确定的。"

金钱自诞生的那一刻起，就与我们的生活息息相关。它是生存工具，也承载了厚重的历史意义。我们经常会用"金钱不是万能的，但没有钱是万万不能的"这句俗语来形容金钱的"尴尬"地位。既然如此，我们又该以怎样的态度来面对金钱呢？

正确的答案是：君子爱财，取之有道。君子自能以极高的道德标准来律己正身，所以荀子说人人喜欢利益，不喜欢祸害，但只有君子能做到取义舍利，远离不义之财，小人却一向见利忘义，甚至以各种卑劣手段去夺取不属于自己的钱财。

对于普通人而言，一切行为标准都应向君子看齐，不能轻易宽懈了自己。只因每副皮囊之下都藏着人性的弱点，要不贪财，要不爱利。在诱惑面前，如果你无法做到自律，一个错误的念头，一个不怎么光明的举动，就可能让你坠入万劫不复之地。

社会上一直存在着这样的骗术，几个人围在一起，将一条金项链"遗落"在地上。等到有人捡起了这条项链，这些人就会围上前来，有的说这是他先看见的，有的负责吹捧这条项链有多值钱，有的则装模作样地评论道，他们几个人将这条项链平分才算公平。

面对这一陷阱，很多人的反应是拿出一些钱来收买这些"围观"的人，自以为占了大便宜，等回过神来才发现，那群人都是串通好的骗子，而项链也是假的。

这就是贪小便宜的心理在作怪，归根到底，还是因为你无法做到自律，无法用君子的标准来规范自己的行为。

反观社会上的另一些人，有时候，他们会将再三得逞的小便宜视为运气，或将通过各种不法手段获取的不义之财美化为"命运馈赠的礼物"。殊不知智者们早已点明："所有命运馈赠的礼物，早已在暗中标好了价格。"

不属于你的钱财，就算得到了内心也不会安宁，事后都会付出代价。相反，通过勤勤恳恳的工作积累起来的财富，用起来才踏实。

胡雪岩经商之初，曾开了一个钱庄。有一次，驻杭州绿营兵千总罗尚德专门找到胡雪岩，说自己准备在他的钱庄里存1.2万两银子。奇怪的是，罗尚德既不要利息，也不要存折。

这让胡雪岩疑惑不解。在他的追问下，罗尚德坦言道，自己曾经是个赌徒，岳父家花了很多钱为他还赌债。后来，他投靠军队，成了一名普通士兵。十几年来，他攒足了银子，只为回老家还债。然而这时候，上面突然来了军令，要他率领军队去前线打战。

罗尚德觉得将这些钱放在身边还不如放在胡雪岩的钱庄，面对他的信任，胡雪岩深为感动，他特意提高利率，为罗尚德办理了一本存折，交代钱庄负责人代管。后来，罗尚德不幸战死沙场。他的同乡抱着试一试的想法来到钱庄，想代他取钱还债。

两位同乡背地里嘀咕，心想他们没有任何凭证，钱庄没有理由将这笔钱还给他们。令他们颇感意外的是，胡雪岩核实了他们的身份后，痛痛快快地为他们办理了取兑手续。

胡雪岩的做法堪称君子。经过这件事后，他的钱庄生意越来越好，而他也终成一代名商，让后世钦佩不已。

金钱再好，也要取之有道。靠勤劳与智慧去赚取合理的劳动报酬而致富的人，往往在满足自身的需要后，还能将之回馈于社会，奉献于人民。

而另一些人却被金钱蒙蔽了双眼，不再满足于小打小闹式的占取，而是通过各种手段疯狂敛财。正如历史上的一个个奸商贪官们，即使能享受一时的欢愉，却被永远地钉在了道德的耻辱柱上，令人不齿。

重新审视幸福与金钱的关系

我们辛苦赚钱，是为了改善生活。但赚钱绝不是你人生的唯一目的。将追逐金钱视为人生唯一动力源泉的人无疑是可悲的，他们不懂真正的幸福其实与金钱并无直接的关系。

"东北彩王"的故事让人唏嘘不已，如果你真的读懂了这个故事，就该停下脚步，好好审视一下你的金钱观，看看它是否偏离了方向。

马洪平曾在2003年10月和2004年6月先后两次押中500万彩票大奖。这件事轰动了当地，而他本人也被巨大的幸福感击中，久久回不过神来。

在晕晕乎乎的心情中，马洪平干脆辞去工作，将所有的时间都拿来研究和购买彩票。与此同时，他花钱再无节制，肆无忌惮地挥霍着积蓄。奇怪的是，他钱花得越多，心里反而越空虚。为了弥补这种空虚感，马洪平愈发不加节制地购买起彩票来。

这一次，幸运之神再没有光顾他了。不出几年，他的腰包渐渐干瘪，慢慢变得负债累累、穷困潦倒。为了能东山再起，马洪平甚至走上了诈骗之路……

当马洪平失去自律，彻底沦为金钱的奴隶时，幸福便离他越来越远。类似的故事有很多，比如说，有的人纵使一夜暴富，要不了几年，一切又恢复原样。又或者，他们沦落得连原先也不如。另外一些人虽然从未拥有过多的钱财，却能有滋有味地过完这一生。

很多人喜欢将金钱与幸福紧紧联系起来，甚至武断地在两者之间画上等号，这是三观不正的体现。有钱真的就能拥有一切吗？有钱一定意味着幸福吗？答案是否定的。

著名作家穆尼尔·纳素夫说："真正的幸福只有当你真实地认识到人生的价值时，才能体会得到。"如果你将自己人生的价值归结为金钱的简单堆砌上，那么你一定不曾真正领略过幸福的滋味。只因财富对于个人的影响，其实远没有你想象的那么大。

决定你这一生过得幸福与否的，是你的格局、认知，乃至你的金钱观，却恰恰与金钱本身无关。关于这个道理，普罗大众很难想得明白。

几年前，央视曾做过一次街头采访。记者手持话筒，将"你幸福吗"这个问题一一抛向路边行人。在这个视频中，我们能够听到的答案五花八门，但几乎都与"金钱"这个字眼儿紧密相连。某权威杂志也曾做过专项调查，结果显示，大部分人认为只有直接提高工资，老百姓才能变得更幸福。普通人的是非观念都是简单直接的，所以极易人云亦云。

而学者们在进行长期、深入的研究后，发现并不能将财富的多寡视为调控幸福感的手段，对幸福产生主要影响的反而是财富的使用与分配。对于普通人而言，哪怕拥有的积蓄有限，只有将它们通通用在刀刃上，才能产生极大的满足感。

成功人士们往往热衷于慈善事业，为了帮助贫困弱势群体不惜投入大量金钱和时间。站在另一个角度来说，这也是他们提高自身幸福感的有效手段之一。

美国石油大亨洛克菲勒出身贫寒，在获取足够的财富之前，他一直是个自信乐观的好青年。而当金钱源源不断地流入他的口袋后，他却变得多疑、冷酷起来。

人们谈论起这一时期的他，总是皱着眉头，口出恶言。无数的威胁、诅咒涌向洛克菲勒，连他的兄弟也开始讨厌起他来。洛克菲勒却不在乎这些，他将自己不幸福的理由归结为：自己还未拥有更多钱财。为了赚取更多的金钱，洛克菲勒几乎推掉了所有休息的时间。

因操劳过度，他的身体一度变得非常糟糕。医生严肃道："如果你继续保持这样的状态，你只能活到50岁。你必须在金钱、烦恼、生命三者中做出选择。"

洛克菲勒突然想通了，他放下了对金钱的执念，选择退休回家。有了大把空闲时间的他开始学着打高尔夫球、上剧院看喜剧，还经常和朋友们坐在一起闲聊。

久违的幸福感再一次回到了洛克菲勒的身边，他开始尝试着去用半生积累的财富帮助世界各地的穷人……

洛克菲勒逝世于1937年，享年98岁。去世之前，他将绝大部分财富捐给了慈善机构，少部分留给继承人。他曾说，当他选择不再做金钱奴隶的时候，他内心感受到了前所未有的宁静与快乐。而当他选择用金钱来帮助别人的时候，他找到了人生真正的意义。

人生这场旅行并未设置返程票，当金钱成为累赘的时候，你再也没有时间领略窗外的风景，也慢慢失去了陪父母老去，陪孩子长大的耐心。

电影《耳朵大有福》的主人公说："我饿了，看到别人手里头拿着个肉包子，那他就比我幸福，我冷了，看见别人穿了件厚棉袄，那他就比我幸福。"幸福始终是一种自我感受与自我满足，有时候它几乎可以与"吃饱穿暖"这种简单的事情等同起来。

从更高的层次来说，幸福是一种内在的精神诉求。这其实与金钱、财富也产生不了多大的关系。记住，幸福也许离不开物质，但物质一定不能主宰你的幸福。

追求财富，但不沉迷于财富

俗话说："人为财死，鸟为食亡。"人们若是过度沉迷于财富，将拜金主义当成人生唯一信条，金钱反而会一步步演变为万恶之源。

当然，我们不是要排斥财富，追求财富无可厚非，只因个人生活的改善、自我价值的体现都依赖财富的增长。但请记住，再怎么追求享乐，也要有所节制；再怎么热爱财富，也要严于自律。始终保持着一颗平常心，才是对待财富应有的态度。

20世纪30年代，美国的一个年轻人每天都在思索着获取财富，成为千万富翁的方法。他整日沉迷于此，以至于丢掉了本职工作。

机缘巧合之下，他真的有了认识城里最有名的企业家的机会。那一天，他来到企业家家中，问道："我知道您出身贫寒，您是怎样达到如今的成就的呢？"

企业家看到年轻人，仿佛看到当年的自己。他让仆人端来一个果盘，果盘里盛着几块西瓜。他笑着说："我可以通过一次实验来向你解释我成功的原因。"

见年轻人疑惑不解，企业家道："将面前的三块西瓜当作是你渴求的财富，你会做出怎样的选择？"年轻人不假思索地拿起了一块最大的西瓜，狼吞虎咽地吃了起来。

企业家微微一笑，拿起了一块小西瓜，慢慢吃起来。他很快解决掉那块小西瓜，又拿起了另一块。结果这时候年轻人的那块大西瓜连一半也没吃完。

企业家放下西瓜，语重心长道："你的上进心是值得表扬的。但切记，你若太过沉迷于赚钱之道，而不去脚踏实地地做些实事，反而会导致失败的结局。"

　　过于沉迷财富，反而会让你迷失眼前的路。正如上例中的年轻人，他抱着急功近利之心，整日做着发财的白日梦，让自己的生活偏离了正常的轨道。

　　古希腊的伯利克里说："我们爱美，但我们有度；我们尊重智慧，但绝不迷恋于此；我们追求财富，但我们只会尽可能地利用它，而不以此炫耀。"

　　大多数人沉迷于财富，是为了肉体享受。这原本是人的本能，但智慧的人知道凡事都要有所节制。当你无休止地追求财富的时候，人生便只剩下贪婪和无趣。

　　在生命的最后一刻，乔布斯曾反思说，肉体本来只是灵魂的载体，如今它却反客为主，成为大多数人生命的主宰。我们执着于财富，执着于吃、穿、打扮，尽一切可能将外在这副躯体伺候得更好。却忘了失去了灵魂，肉体终将会腐朽。

　　人们沉迷于财富，更是因为虚荣心在作祟。1992年开发的"金钱心理量表"显示，金钱对个人自尊会起到至关重要的影响。随着社会发展越发繁荣，物质越发丰富，这种影响也越来越显著。比如说，我们习惯于炫耀自己的财富，却羞于展露自己的贫穷窘境。

　　不计手段的争名逐利、争权夺势当然不是为了维持温饱，如果仅仅只是这样，那么一份简单稳定的工作就可以保障你衣食无忧，乃至赡养家庭、安居乐业。

　　对于有些人来说，安逸享乐不是唯一的目的，他们真正关心的是自己的虚荣心是否得到了满足。他们骄傲于自己所拥有的财富，是因为财富会为他们带来前所未有的认可和关注。

　　当虚荣心极度膨胀的时候，他们一头栽入财富的陷阱中，哪怕含辛茹苦、殚精竭虑过这一生，也要享有众人羡慕的目光，成为万众瞩目的骄子。正因这些人的存在，攀比风气才愈演愈烈，拜金主义一度成为社会主流。

　　端午节期间，刘明带着一家人去亲戚家探亲。饭后聊天的时候，刘明谈到自己近期准备换房。亲戚惊讶问道："你们住在市中心的富人区，房子又大又敞亮，好好的换什么？"

　　看着亲戚羡慕的表情，刘明脸上止不住的笑意，他回答说："孩子刚转去一所很有名的重点外语学校，没办法，为了他上学方便，只能再买一套了。"

　　聊天中，刘明又表示想换车，亲戚问："你们不是刚换车吗？怎么又打算换车？"

刘明7岁的小儿子抢着回答说："上次我们班同学开完家长会，他们的父母都开着宾利和保时捷来接他们，我们家的车太差了，太丢脸啦！"

适度的虚荣心能成为你赚钱的动力，但不加节制的虚荣心却会将你拖入物欲的深渊，无穷无尽的攀比与计较会消耗掉生命中的所有热情。

马斯洛需要层次理论将人的需求分成生理需要、安全需要、社交需要、尊重需要和自我实现这几部分。人们在满足了低层次的需求后，就会向着高层次迈进。在这个过程中，他们不断观望他人，心态逐渐变得扭曲。

而疯狂地积累财富成了他们平息内心不安全感的唯一手段。可是，对财富越是沉迷，你的精神世界就越匮乏；而精神越匮乏，对财富的占有欲就越疯狂。这是个恶性循环。

也许你迷恋财富纯粹是为了肉体享受，或者是虚荣心在作怪，无论出于哪种原因，都不要忘了大文豪托尔斯泰曾说过的话："没有钱是悲哀的事，但金钱过剩则加倍悲哀。"我们要以一颗平常心去面对财富的无常不定，而不要为这身外之物耗尽心神。

在金钱的诱惑中守住底线的人，运气不会太差

有人说，生命降临之初，便被赋予了底线与良知。所谓"金钱有价，道德无价"，良知是上帝的眼，而自律，却是人类心中的一杆标尺。

然而，令人痛心的是，随着社会发展愈发浮躁复杂，人类的良知正在悄悄发生质变，底线也遭受到了前所未有的挑战。殊不知，财富是前进路上最大的考验。能在利益面前守住良知，在金钱面前把握底线的人，命运都会给予他特别的馈赠。

2018年7月热映的电影《西虹市首富》的主人公王多鱼原本是某业余足球队的守门员，因为比赛失利，他丢掉了饭碗。正当王多鱼的人生陷入低谷的时候，一笔巨款突然砸在了他的头上。

神秘台湾财团以10亿元现金作为挑战，要求王多鱼在一个月内花光这笔巨款。于是，王多鱼的花钱之旅轰轰烈烈地开始了。在经历了一系列爆笑故事后，王多鱼最终迎来了人生中最煎熬的选择：是得到300亿元，从此成为人生赢家？还是违规救人，重归穷光蛋的人生轨迹？

令人感动的是，王多鱼毅然决然地选择了后者，最终坚守住了人性的底线。电影的结局堪称皆大欢喜，王多鱼的选择落在"聪明人"眼里，无疑是愚蠢的，但这愚蠢的选择却帮助他通过了命运的考验，不仅让他得到了梦寐以求的财富，还赢得了美人的青睐。

电影情节虽然夸张，却传达出了一个深刻的道理：能有勇气抵抗财富陷阱，从金钱的泥沼中脱身而出的人，运气一般不会太差。

生活中处处都有底线，能够坚守底线的人早已将"自律"二字深深刻在心里，这样的人过得都不会差。而那些守不住底线的人的人生却会走向糟糕的结局。

工作中要有底线，那些因为金钱诱惑违反职业操守的人，下场都比较惨。生活中"注水肉""黑心棉"等一系列社会新闻层出不穷，令人触目惊心。个别商家不惜牺牲多年打造的信誉和老百姓的健康，只为了获取眼前的利益。

就连绿茵场上，也弥漫着金钱带来的黑云瘴气。因《米兰体育报》的披露，意甲电话门事件于2006年爆发。这次事件证实了1997-98赛季尤文图斯抢走国际米兰的联赛冠军的比赛为假球。意大利足协十分重视电话门事件，尤文图斯、AC米兰最后因为丑闻事件一度陷入低谷。

因眼前的利益将底线与良知抛到脑后的人，纵然一时猖狂，却注定笑不到最后。金钱对你的诱惑力越大，就越得修炼极度自律的心态。记住，你若自律，成功自来。

婚姻、恋爱中要有底线，那些因为金钱而抛家弃子的男人，因为利益而攀附权贵的女孩，除了要承受世人的唾骂外，还得面对内心的孤独与煎熬。百年前的陈世美便被人痛骂至今。试问，不愿付出，何来回报？通过破坏底线得来的一切，终归得向命运如数奉还。

对于普通人来说，金钱始终是绕不过去的话题。有了它，辛苦操劳了一生的父母可以安享晚年；有了它，便可以在熙攘繁华的都市里给家人一个早已承诺好的安乐窝。

然而，自律才是实现这一切的法宝。有了自律，你便有了向上攀登的勇气和恒心，时间会带你一步步到达你想去的地方。失去了自律，表面上的平步青云、一步登天让你此时有多风光，未来就会摔得多惨。要知道底线一开，下一步一定是全线溃退。

别为了金钱背负上道德的沉重的枷锁，这样的你，只能收获一个运气差到极点的人生。

林庆是一家服装公司的总经理，他集中公司设计人才，组建了一支"突围小队"以应对接下来的时装大赛。之后，林庆任命自己最信任的助理吴雪为"突围小队"副队长，带领大家拼搏冲刺。不到一个月的时间，"突围小队"就完成了一组成品，林庆高兴不已。

小组会议上，林庆自信满满道："这组新款时装极具创意，我相信一定能够得到评委们的青睐！"大家热烈地鼓起掌，吴雪却心虚地低下头来。

一周后，对头公司举办了一场浩大的时装发布会。林庆愤怒地发现，对头公司发布的一系列作品极其眼熟。那一刻，他明白，一定是有人走漏了消息。

林庆立马展开了调查，他与参与"突围小队"的设计师一一进行了秘密谈话，又一一排除了他们的嫌疑。查来查去，疑点聚焦到了助理吴雪身上。

在林庆的逼问下，吴雪很快将事实和盘托出。原来对头公司的经理知道了他们这次的行动，他找到吴雪，向她开出了一个极其诱人的价格，条件是她必须为他们公司偷出设计稿。

面对吴雪的哭诉，林庆还是冷静地选择了报警。同时，他又为这个因为一点利益就将前程轻易葬送的女孩感到惋惜……

世间万物都有底线，底线一旦崩溃，就会像倒塌的多米诺骨牌般引起无数可怕的后果。人的心中也存在着无形的底线，它是灵魂的基石，是我们安身立命的保障。唯有高度自律，时刻约束自身行为，面对金钱诱惑依然岿然不动，才能护住人性的珍贵的底线。

贪婪，必定会招来无限的苦果

"七罪宗"中，贪婪是一种必受惩罚的恶行。而在世界各地的文化中，人们不约而同地认为，过于贪求财富，必然会招致无限苦果。只有对财富的作用和过患认识得足够深刻，拒绝贪婪恶行，始终保持自律，才能防止自己受到伤害。

佛经里曾记载了这样一个故事，有一天，弟子阿难跟在佛陀身后，徐徐行走在田间小道上。佛陀突然停下了脚步，看着路旁杂草中的黄金，说道："看，毒蛇。"

阿难想了一会儿，高声回应道："果然是毒蛇。"这时正巧有一对农民父子经过，他们听见了佛陀与阿难的对话，正觉得奇怪，目光却突然被路边那一堆金黄色的东西所吸引。

父亲欣喜若狂道："这不是黄金吗？"他顿时生起贪婪之心。他的孩子也拍着手开心不已。父子二人看了看佛陀和阿难，生怕他们会来抢黄金。二人迅速用衣服卷起黄金，飞奔至家中。看着他们的背影，佛陀摇头叹息。

几日后，当父子俩带着黄金来到市场，想要用它来兑换货物的时候，他们却被人告上了官府。原来几日前，黄金被盗贼从皇宫中偷出，逃跑时丢在路边，而他们捡的黄金恰恰是赃款。父子二人被官兵"人赃并获"，堪称有口难辩。临刑前，父亲悲鸣道："果然是毒蛇啊！"

有人说，贪婪未必都是坏事，它也可以成为工作的动力。事实上，这种观点极不客观。每个人都很容易对财富心生贪念，但一旦陷入这泥沼，便是万劫不复。当你利用贪婪，视它为上进的动力的时候，就必须眼睁睁地看着它膨胀、壮大，这其实是种纵容。

贪婪是个无底洞，会将所有的人性吞噬殆尽。曾有研究人员针对来自不同国家的20名受访者做了一系列调查研究，结果非常清晰：人们对金钱越是贪婪，越有可能在金钱上犯错误，甚至招致无数可怕后果。

对于财富、利益无止境的追逐，使得商家们频频售卖假冒伪劣商品，更让一些普通人做出了伤害别人的行为。历史上抑或是现实生活中，从不缺乏这样的故事。

贪婪又是这个世界上最可怕的"瘟疫"，只因它来自无知。患上这种"瘟疫"，你便失去了判断力，像一切目光短浅的人般一味关注短期回报，却对长远的收益不屑一顾。

很多人一旦对眼前的好处心生贪婪，便无法正确、深入地分析自身处境，常常做出因小失大的事情。稻盛和夫在其著作《活法》中记载了这样一个小故事，它能让你全身心地认识到贪婪的恐怖。

秋风萧瑟，有位路人急匆匆地穿行于山间小道，想要在天黑之前赶回家。突然，他发现脚边散落着一些白色的东西。路人定睛细看，悚然发现，那竟然是人的骨头。

路人全身惊颤，极力向前跑去。路的尽头突然出现了一只咆哮着的猛虎，他吓得魂飞魄散，转身而逃。跑来跑去，路人似乎是迷路了，不知怎的，竟来到悬崖峭壁前。

见悬崖下方是奔腾的大海，后方是凶恶的老虎，路人只得爬到悬崖旁的一棵松树上，又顺着树枝上的藤条爬了上去。他突然感觉到藤条上方传来"咯吱咯吱"的声音，抬头一看，原来有两只老鼠正在啃食藤条。路人连忙摇晃起藤条，想要将老鼠甩下去。

这时候，大滴大滴的蜂蜜落入了他的脸上、口中。他沉醉于蜂蜜的甘甜之中，竟忘了下方的老虎，主动摇晃起这些救命的藤条来，直到藤条断裂，他眼前一黑……

当"蜂蜜"的甘甜引起了你的贪念时，你甚至会主动选择将自己推入深渊之中。你若无法克服"蜂蜜"的诱惑，必定会犯下无数错误，首当其冲的是对财富的盲目投机。

翻开社会新闻版，这样的故事比比皆是：一些人企图利用短线操作获利，结果频繁被市场打脸，最后只得无奈忍受财富大大缩水的结局；一些人将所有身家押到股票或者P2P理财中，结果股票暴跌，或者P2P公司老板跑路，多年辛苦一夜间化为乌有……

想要实现财富自由，你先得放下对财富的贪婪之心，将所有时间和精力用在学习上，实现自我成长。只有这样，你才能变得理智，逐步认清贪婪的危害。

一些人过分贪婪不属于自己的财富，企图绕过努力的过程，直接享受坐拥财富的滋味。所以他们铤而走险，不惜犯下一些或大或小的罪行，对他人生活、社会稳定造成伤害。然而事实证明，过分的贪心绝没有什么好下场。

培根说："不要追求显赫的财富，而应追求你可以合法获得的财富，清醒地使用财富，愉快地施与财富，心怀满足地离开财富。"这是培根给予我们的建议，也是正确的财富观。想要破除贪婪执念，先要改变固有思维和观念，树立清晰笃定的价值观，严于律己，不断提高自我人生境界。

所谓奢华的生活，并不是必需的

纵观身边的自律人士，他们大多优秀而成功。然而，他们却从未将豪华的生活、将纵情享乐当作是人生唯一的目的，这反而成了自律人士走向成功的关键性因素。

作为普通人的我们，首先要追求的应该是自律，是昂扬积极的人生态度，是脚踏实地一步步去努力，是始终坚持正确的人生观和价值观，而不是所谓的豪华生活。你若将物欲摆在了第一位，无疑是颠倒了生活的意义。

戴青上大学后，受身边的女生影响，开始向往起了所谓的"精致"生活。她将父母所给的生活费一股脑儿地买了高档的衣服及化妆品。为了赚取一点外快，她开始频频翘课打工，成绩因此而一落千丈。时间久了后，这种充满奢侈品及旁人艳羡目光的生活让她上了瘾。

戴青在欲望中越陷越深，开始接触起了一些借贷平台。当蚂蚁花呗、借呗的额度满足不了她的时候，她将目光转向了某热门网贷。为了维持自己的豪华生活，戴青一口气贷出了好几万元。一个月不到，这些钱便被她挥霍一空。

随着窟窿越来越大，她心中恐慌起来。在一些不怀好意的网友的介绍下，她生平第一次接触到了罪恶的"裸贷"……

普通人追求的无非是一种奢华的生活，然而，很少有人思考过这个问题：所谓的奢华生活，一定是你我必须拥有的吗？

睿智如林语堂，就曾说过这样一句名言："生活所需的一切不贵豪华，贵简洁；不贵富丽，贵高雅；不贵昂贵，贵合适。"可惜的是，现实生活中，很多人的人生格言却是："不求最好，但求最贵。"在错误观念的诱导下，你若来不及自救，只会越陷越深。

正如案例中的戴青，她将那些高档的衣物、粉底、口红视为生活的必需品，却将原本的自律与淳朴抛到脑后，最后彻彻底底地失去了自由与尊严。

总结种种现实案例，一个令人痛惋的真相慢慢浮出了水面：这个世界，迟早会惩罚那些不自律的人。而所谓自律，无非是指诱惑到来之时及时"刹车"的一种反应能力。

自律是在你承认并接纳内心冲动的前提下，以自身利益、未来前途为准，做出的调节与适应能力。如果你心心念念的是一种奢华潇洒的生活，与其呆坐着做白日梦，或者铤而走险幻想不劳而获，不如以其为目标，以日复一日的自律为手段，努力抵达梦的彼岸。

渴望未来更好的生活，就得严格约束今日的种种行为，这才是正确的做法。从另一个方面来说，谁能断言豪华的生活一定是人生必备品？

古往今来，多少君子、伟人无论身处何时何地，始终能克制内心的欲念，直至从俭朴的日子里发掘出了闪闪发光的真理；又有多少"屠龙少年"陷入欲望的苦海中迟迟无法挣脱，在权力物欲的诱导下一步步变成当初痛恨的"恶龙"？

生活并不一定要奢华，平淡才是真实。衣服再昂贵，能起到的直接作用无非是保暖遮寒；房子装修得再豪华，缺少了人情只会让你感到冰冷无依。再多的纸醉金迷也抵不上落寞时候的一句问候和孤独日子里的相靠相依。

生活并不一定要奢华，过得精致而有质感便已足够。有时候，油腻、昂贵的美酒佳肴远远不如妈妈亲手所做的一碗清汤面来得舒服、实在。

食材再贵也代表不了什么，吃得足够健康，足以宽慰自己的胃。跑车再豪华也只能装点门面，健身运动却能拯救你松垮的身体和疲惫的精神。

郑念出身于民国北洋政府高官家庭，从小养尊处优，是名副其实的娇小姐。读中学的时候，她曾四次登上《北洋画报》封面，引来了无数官宦子弟的追求。而郑念却对此不屑一顾。

1935年，在英国留学期间，郑念邂逅了出身贫寒的留学生郑康琪，她不顾亲人的反对，执意与他结为伴侣。随后夫妇俩为了报效祖国回到国内。他们的婚后生活精致而奢华，在上海的时候，他们住在市中心的三层小洋楼里，有专门的厨师、管家、仆人照顾他们的生活，出入亦有名车接送。郑念喜好古玩，于是家里的陈设全是明清时期的古董。

谁知世事无常，丈夫因病去世后，家境一落千丈。郑念更从一代名媛沦为阶下囚。她穿着破衣烂衫，吃着粗糙的食物，却依然安之若素。她被迫从小洋楼里搬进了黑暗肮脏的囚室，却每天都会借扫帚打扫屋子，每天清洗自己，始终保持着内心的富足。

晚年之时，郑念去了美国生活。她一个人守着一间装饰简朴的屋子，吃着最清淡的食物，每日清晨都会去花园里锻炼身体，并始终坚持写作。

郑念前后半生的境遇堪称天差地别，哪怕生活一夕间跌到了谷底，她却始终甘之如饴，依旧保持着精神上的高度自律，不愧为"中国最后的贵族"。

可见，豪华的生活并不是必要的，保持内心的丰饶、富足，便足够抵挡人世间的风风雨雨。追求豪华的生活本没有错，但若不靠着极度的自律、超人的耐性去攀爬、奋斗，你永远只能将时间白白浪费于幻想之中。

而在奋斗的历程中，你慢慢就会明白，真正有意思的是奋斗本身的过程，而不是所谓的豪华生活。若将它视为人生唯一的目的地，你会失却灵魂的厚度与质感，变得肤浅、苍白而又贫瘠。

强制储蓄，月光族的财富逆袭路

很多月光族都没有理财的概念，他们不加节制地花钱，然后轻飘飘地扔下一句："没有钱怎么理财？"而自律的人却知道，储蓄的作用就是让小钱滚雪球般累积成大钱。后者通常能够靠着极强的自制力成功实现财务自由，成为人生赢家。

吴巧巧和王宣楠是一对关系亲密的闺密。宣楠平日十分节俭，每月都会定期存钱。而巧巧却是个不折不扣的月光族，她总是将"做女人就是要对自己好一点"之类的话挂在嘴边，每月工资一发，便直奔商场，在柜台前流连忘返。

宣楠看不惯巧巧大手大脚花钱的样子，平日总会唠叨几句。巧巧却不以为意，照样过着潇洒的生活。后来，宣楠回到老家，考取了当地的公务员，巧巧则继续留在大城市打拼。三年一晃而过，两人的生活状态相差得越来越远。

巧巧照例过着月初风光、月末"吃土"的日子，她每天都要对宣楠哭穷："这个月的钱又花光了，唉，日子好难过啊。"有一次，宣楠终于忍不住和巧巧开诚布公地谈起了心里话，她说："咱们都是普通家庭出身的女孩，挣的虽然不多，可是只要养成每月固定存钱的习惯，对未来也是个保障。"巧巧嘴里答应得好好的，到了第二天，却将宣楠的话抛到了脑后。

迈入30岁那年，闺密俩结伴旅行，巧巧吃惊地发现宣楠的工资虽然比她低，这么多年来却有了一笔不菲存款，而自己却仍然处在"赤贫状态"，旅行的所有花销都是刷的信用卡。想起宣楠曾经的劝告，巧巧心里满是悔意……

普通人一般都只拿着固定的工资，为什么有的人就能做到理性消费，从容不迫？有的人却因为超支消费过得焦头烂额？原因紧紧扣在"自律"二字上。

唯有在金钱面前保持高度自律，用强大的意志力管控住自己，才能始终保持精神自由，甚至进一步实现财务自由。遗憾的是，月光族显然不在此列。

国外的一对夫妻有着一个共同的生活习惯：每天喝一杯拿铁咖啡。他们的理财顾问注意到了这个细节后，给他们算了一笔账：一天一杯拿铁咖啡，持续三十年的话，大约需要花费70万元。夫妻俩面面相觑，盯着这个庞大的数字久久回不过神来。

后来，作家兼金融顾问大卫·巴赫根据这个故事提出了一个流传甚广的概念——"拿铁因子"。它指的是人们若能将每日的零散消费聚积起来，在时间累计的情况下，这个数字会越滚越大，直至超越他们的想象。大卫甚至说，靠着自制力，普通人也可以成为百万富翁。

月光族身上往往背负着沉重的"卡债"，总是奔波在"拆东墙补西墙"的路途中，活得狼狈而迷茫。让他们陷入这种糟糕境地的，是脆弱的意志力，和一击即溃的软弱性格。

自控对于他们而言，仿佛只是一时的行为，失控却是常有的状态。因此，月光族想要实现财富逆袭，就一定要锻炼自己的自律能力。要知道那些让人羡慕的成功者，都曾有过这方面的苦练，这是他们能够超越众人的原因。

通过长期刻意的训练，你会逐渐习惯运用意志力来抵抗消费的快感，从此摆脱月光族的称号，慢慢成长为梦想中的自己。除此之外，月光族的财富逆袭路上，还需注意以下几点：

首先，牢记"三分之一原则"，将强制储蓄坚持到底。储蓄应该是长期的行为，"三天打鱼，两天晒网"最不可取。你要做到每个月都往自己的银行账户里存入工资的三分之一，绝不给自己留下任何冲动消费的机会。如果你的工资是一万元，每月至少应存入三千元。

其次，制定理财目标。有的人站在琳琅满目的商品前，心理防线容易被击溃，原因正在于他们缺少清晰明确的理财目标。充斥于他们脑海中的通常是这样的想法："反正我也没多少钱，花光了也不可惜。"随着自律的承诺屡屡被打破，月光族就此诞生。

　　为了改变这种情况，你不妨给自己设置清晰的理财目标，比如说两年之内实现买车梦，五年之内实现买房梦。当目标沉甸甸地压在心头，你冲动消费的次数就会慢慢减少。

　　另外，时刻警惕"小资"的噱头。在物质繁荣的今天，"小资"成为商家最好的武器。普通的商品经过商家的包装立马变得高大上起来，它们掏空了你的钱包，却只带给你虚假的满足和快乐。月光族们常常陷入这样的陷阱，而自律的人却能看清"小资"背后的真相。

　　最后，月光族还可借助靠谱的理财平台来完成强制储蓄。比如说，普通家庭在经过仔细权衡之后，可以购买一些合适的家庭医疗保险。只因个人储蓄带有很大的随意性和不确定性，储蓄的钱财容易被挪用，而医疗保险的"强制性"则很好地规避了这一问题。

第六章

你的心态，决定谁是坐骑谁是骑师

有什么样的心态，就有什么样的人生

智者说："要么你去驾驭生命，要么生命驾驭你。你的心态决定了谁是坐骑，谁是骑师。"一个人成功与否，取决于他的心态。悲观的人看什么都是落魄不堪的，于是生活变得越来越糟糕。那些嘴里嚷嚷着没钱的人，只会变得越来越贫穷。

心怀自律，便能时刻调整自己的心态，始终以充沛的精力、积极的态度去面对人生的挫折。不够自律的人，却会任由自己陷入负面情绪的旋涡，自怨自艾，乃至自暴自弃，亲手将生活推向不可挽回的境地。

美国前总统罗斯福小的时候因为患病渐渐变得孤僻，平日里总不愿跟别人交流。上课的时候，哪怕老师点名提问，罗斯福也不说话，只是低着头站得僵直。父亲见他如此消沉，内心焦虑无比。

有一年春天，父亲带回一些树苗。他将几个孩子聚集在院子里，许诺说："每个人都去种一棵小树苗，谁种的树苗长得好就给谁买一件最喜欢的礼物。"几个孩子欢天喜地地种起了树苗，罗斯福越看越觉得自己种的小树苗蔫头耷脑，注定活不长久。

他想起树苗枯死的模样，难过地走开了，从此再没有去管它。过了一段时间后，罗斯福经过院子，惊讶地发现属于自己的那棵小树苗蹿高了不少，一派枝繁叶茂的模样。那天晚上，他父亲骄傲地宣布，罗斯福在这场比赛中胜出，成为礼物的最终获得者。

从那一天起，罗斯福像换了一个人似的，变得越来越开朗、积极。他依靠着持续不断的自律与努力，甚至登上了美国总统的宝座。

当罗斯福彻底转变心态的时候，他原本阴霾重重的生活里突然布满了阳光，麻木、消沉、沮丧一扫而空，自信、充实、精彩纷至沓来。

普通人想要在这喧嚣世间生存下去，必得经历一场又一场激烈的竞争。在这个过程中，不断有人遭受挫折与失败的洗礼。脑中若是缺了自律的弦，他们的心态很容易被生命中的狂风暴雨冲击得四分五裂，就此一蹶不振，变得越来越脆弱。

而自尊自律的人，却会咬牙忍受那痛苦的时刻，不会任由自己在失败中颓废。他们将偏激、消极的想法从脑海中赶走，始终站在乐观的角度去看待事物，让身心放松下来。

所以说，打倒你的从来不是生命中的疾风骤雨，而是你的心态。任正非44岁之时，收入低下，身患糖尿病与心脏病。正在人生最落魄的时候，妻子又要离他而去。让人们意外的是，任正非并没有被这些打击击垮。他扛下所有重担，努力振作了起来。

是什么在支撑着他奋力前行？任正非给出的答案是积极乐观的心态与自省自律的作风。他带着年迈的父母和弟弟妹妹住在深圳的棚屋中，自信满满地开始了创业之路。后在没有技术、没有资金、没有人脉的情况下，他一步步造就了华为的神话。

另一位著名的企业家在50岁生日那一天被查出了癌症。命运无情地将一张死亡判定书扔在了他的脸上。企业家最终辞去所有职务，默默回到老家，整日消沉颓丧。

而他的所见所闻，却渐渐地改变了他的心态。他发现，老家的农人们生活艰难，脸上却始终洋溢着淳朴的微笑；孩子们穿着破衣烂衫，笑声却清脆如铃，有着一股令人向往的力量。

企业家突然感谢起了自己的疾病，如果不是它，他根本不知道世间美好的事物如此之多，而生命又如此珍贵。三年过去了，企业家变成了慈善大师。他几乎走遍了全国所有的贫困地区，在帮助别人的同时，自己也获得了巨大的幸福感。而他的身体也奇迹般地好转了。

你始终绷紧自律的弦，才不会沦为心态的仆人，任由它将你踢入负面情绪的地狱。心态就像一片海洋，愚者葬身其中；自律自省的人却能直挂云帆，乘风翱翔。

少了坚韧的意志力，我们很难保证心态不会被冲垮。毕竟潜伏在生活中的困难层出不穷。日常生活中，除了要积极锻炼意志力，始终秉持一颗自律的初心外，还得时刻注意调整自己看待世界的角度，如此才能建立良好的心态。

首先，放宽心，不计较。生活中琐碎的小事实在是太多了，你若事事都放在心上，性格只会变得越来越沉郁。俗话说："难得糊涂。"面对一些无关紧要的事情，还是糊涂点好，而不要斤斤计较。不如把心放宽，学会包容，这样才能和别人友好相处，快乐生活。

其次，一边做好最坏的打算，一边向着最好的方向去努力。成功的人行事之前总会做好心理准备。正因如此，他才能以积极平稳的心态去面对一切困难。对于这样的人来说，哪怕命运给予的选择再艰难，他们也能保持着从容淡定的姿态，始终游刃有余。

最后，不妨多多开阔视野，不断增长见识。只有赏过高山美景，见过大海辽阔，你才会对个人的渺小有清晰的认识，很多原本纠结的事情在你眼中也变得不值一提。凡事若能看得长远，心态自然会变得越来越好。

只要你对了，世界自然就对了

王阳明说，心外无物。世间万事万物都在自己心里，你心里温暖透亮，世界自然光明一片；你心里阴暗潮湿，世界便变得糟糕至极。

自律的人除了要管好自己的身体，更要管好自己的心。只有内心坚毅的人，才能视外界的纷扰为无物。而心的自律会让你化为黑暗中的明灯，照亮自己前行的道路。

有一次，王阳明从贵州龙场悟道归来，踱步于洞庭湖旁的时候，他的学生冀元亨向他问道："'心即理'是什么意思？"

王阳明捻须微笑，没有立刻回答。他让书童取来一本《战国策》，书的第一页画着一张战国地图。王阳明扯下地图，撕成细碎的纸片，然后递给冀元亨，让他重新拼接起来。

这是一张战国初年的地图，除了七国之外，还有中山、鲁、邹，外加一些少数民族小国。冀元亨搜肠刮肚，花了很长时间，也只拼出了山东六国，他无奈地望向老师。

王阳明微微一笑，把纸片交给了书童，令他继续拼接。冀元亨内心不以为然，在他看来，这地图错综复杂，小小书童怎有这本事拼接完整？

谁知书童直接忽略了地图，翻过纸片，饶有兴趣地拼起来。冀元亨凑近一看，原来纸片背面是一幅刘向（《战国策》作者）的画像。书童天真道："人像拼成时，地图自然也拼好了。"

王阳明问道："你懂了吗？"冀元亨刹那间恍然大悟。

冀元亨顿悟的道理很简单：人对了，世界就对了。我们总以为世界是怎样的，人就会变成怎样；殊不知人的心态、行为才是改变世界的关键。

管不好自己的内心世界，就别奢望外界能自动自发地变成你想要的模样。做不了心的主人，就只能被纷乱复杂的现实牵着鼻子走，慢慢失去方向。

极度自律的人会将自己的内心世界打理得井井有条。他们长久地保持着温暖、安宁的心态，始终稳如泰山。从他们的眼中看出去，天地欣欣向荣，万物蒸蒸日上。哪怕是失败、痛苦的经历也包含着积极的一面，只因乌云与暴雨背后，一定意味着彩虹和阳光。

失去了自律，你的内心却会变得浑浊、糟乱起来。各种阴暗的想法侵入你的大脑，世界瞬间失去了光彩，你的眼睛也只顾着盯住那些肮脏龌龊的角落。

曾经有一本名为《吸引力法则》的书十分流行，里面的内容提到，世界迟早会接收到从你心中散发出的信号，然后给你想要的一切。其实是说：这个世界就像一面镜子，你看到的一切，都是你内心的反映。你怎样看待这个世界，世界就会怎样回馈你。

人生就是一个不断遭遇难题、不断解决难题的过程。想要改变人生，改变周遭事物，先得从自己做起，迎接痛苦积极向上，做个情感自律、心态自律的人。

从另一个方面来说，心志不坚定的人很容易受到外界的影响，无法将正确而又正面的想法一以贯之地坚持下去。这样的人极易崩溃，会因为别人一个怀疑的眼神轻易地否定自己。

殊不知，当你认定对的道路，一往无前地走下去的时候，时间迟早会为你当初的选择鼓掌。记住，你无须向世界证明自己，只需诚实地面对内心，认真聆听来自灵魂的声音。

在一次世界优秀指挥家大赛的决赛中，交响乐指挥家小泽征尔正在指挥演奏，他突然听到了很多不和谐的声音。一开始，小泽征尔完全没有意识到评委会指定的乐谱会出现问题，他以为是乐队的演奏出了错误，立马做出了暂停的手势。

又演奏了一遍后，小泽征尔发现那些不和谐的声音像一根鱼刺卡在中间，彻底打乱了节奏。他当场对乐谱的正确性提起了怀疑。谁知道在场的作曲家和评委会的权威人士对他这个想法嗤之以鼻，他们坚定认为乐谱根本没有问题，有问题的是小泽征尔本人。

小泽征尔内心陷入了焦虑之中，有一瞬间，他几乎相信了他们对自己的看法。正当他想要妥协的时候，心里冒出了一个声音："不！一定是乐谱错了！"

当他勇敢地说出这句话的时候，评委席上突然爆出了一阵热烈的掌声……

其实，这正是大赛评委精心设计的"圈套"，目的是检验指挥家在受到外界质疑的情况下，能否保持内心的坚定。而小泽征尔出色的表现令他最终获取了世界大赛的桂冠。

无论世界有多复杂浮躁，始终能够保持自我的人，反而能收获累累硕果。纵观我们身边那些自律的人，他们哪怕看遍世事，历经风霜，始终清者自清、独善其身。记住，只要你的内心足够坚定，始终克己自律，眼里的世界必是梦想中的模样。

战胜负面心理，让抱怨到此为止

我们身边最不缺乏这样的人：喋喋不休地抱怨着学业艰难，工作不顺，婚姻不睦，孩子吵闹……他们中有男有女，有老有少，看似抱怨的点各不相同，但若你能仔细审视他们，一定会发现这样一个共通点：他们总是无法做到自省、自律。

甚至你自己也可能是一个负面心理爆棚，十分喜欢抱怨的人。你日复一日地抱怨着，直到耗尽生命所有的热情。殊不知深谙自我管理法则的人根本没有时间去抱怨。抱怨即使能让你逞一时之快，事后带给你的却是无尽的落寞。

马莉莉几乎每天都会找学姐吴玲倾诉自己在工作中所遭遇的不公平待遇，一开始吴玲还会耐心倾听，并给出一些恰当的建议。结果吴玲发现，每一次莉莉都会急匆匆地打断她的话，迫不及待地将满肚子的苦水倾吐而出。

纵使莉莉身上的负能量严重影响到了吴玲，碍于两人之间的交情，吴玲也只得耐心听着莉莉的抱怨。见莉莉说来说去都是一些老生常谈的事情，她索性不再发表意见，只是点头附和。有一次，莉莉说着说着痛哭起来，吴玲心烦意乱道："你干脆辞职得了。"

谁知莉莉睁大了双眼，说："你的口气也未免太轻松了，职场新人真的很辛苦，我就算找到了别的工作，也得从头开始努力……"

见莉莉就着这个话题，开始了新一轮的抱怨，吴玲恨不得捂住耳朵。

某知名论坛上有一个话题十分热门："高度自律是种怎样的体验？"这个问题引来了大量网友的评论，而其中的一个答案得到了很多人的认同。

这位网友说，比起身体自律外，更难的是精神自律。能够战胜负面心理，做到不骄不躁不抱怨的人，正是精神自律的代表。

很多时候，向身边的人倾吐负面能量，也是一种让人难以忍受的恶习。抱怨不休的人，首先是为了争取别人的认同，并从外界同情中汲取安全感。一方面他们习惯于夸大身上的不幸感，另一方面他们却又稳坐困境，从未试图去抗争、改变。

爱抱怨的人还有一种自暴自弃的心理，他们耿耿于怀于目前的窘境，却又不肯承认自己也需为此担负一定的责任。于是他们干脆通过抱怨将一切不幸推到那些阻碍自己的人与事上，以此来告诉别人：我不是不够成功，不够努力，而是不够幸运。

如果你也是这样的人，从现在起，请停止抱怨学会自律，做一个心态积极正面的人。如果你任由自己陷入怨天尤人的状态，只会变得越来越懒散、消极，做什么都提不起精神。

充满怨怒情绪的话，不要去说；一定会对自己造成伤害的事情，不要去做。正如富兰克林所言："我未曾见过一个早起、勤奋、谨慎、诚实的人抱怨命运不好。"

抱怨不但不能解决问题，反而会让事态变得越发糟糕。而负面心理能够产生的破坏力更是你无法想象的。它会将你人生中的阳光通通遮住，让你从此与正能量绝缘。

记者李梦在采访企业家梁栋的时候，问了他一个"古老"的问题："请问您是如何走向成功的呢？"梁栋并未着急回答，反而提起了他年轻时候的故事。

梁栋出身于普通的农民家庭，他从9岁开始帮助父亲分担家庭重担。15岁那年因家境太过贫寒，梁栋无奈辍学，去城市边缘区的工地上给人当学徒。可以说，38岁之前，他都是个十足的失败者。曾无数次尝试创业的他，得到的仅仅是一身债务。

李梦听到这里，下意识道："天哪，您的成长经历太糟糕了，生活对您太残酷了。"梁栋摇头："不，我从未有过这样的想法。我想这正是我成功的原因。"

李梦疑惑不解，梁栋解释道："我不喜欢抱怨，如果抱怨有用的话，还要努力做什么？我将抱怨的时间全部用在试错上，终于让我闯出了一条成功的道路。"

抱怨可谓是人之常情。哪怕再自律的人也曾起过抱怨的念头。但他们深知，抱怨一定是失败的开始。所以，他们一旦产生抱怨的冲动，便立刻警觉起来，勒令自己立即反省。

那么，事事抱怨的你，如何才能改变这种状态呢？

首先，抛弃放纵的借口，永远别想着去逃避。很多人频频抱怨生活的不如意，却从不付出行动。他们将自己变成"受害者"，为自己的懒惰、放纵行为找出种种冠冕堂皇的理由。

如果你沉湎于负面情绪里，那股怨气会削弱你身上所有的激昂锐气。你只会变得越来越窝囊，越来越喜欢抱怨。不如从此刻起，将毫无意义的抱怨转化为真实的行动。

其次，转移注意力，用积极思维替换消极思维。不停抱怨的你，身心都会被那些消极事物所吸引。不如及时转移注意力，多去挖掘生活中美好的事物，同时转换积极思维。

当你心中响起一堆抱怨话语的时候，不要急于将它说出，转动脑筋，尝试着换一个方法说出来。比如说，当你看到房价上涨，想要抱怨丈夫懒惰怠工，不够积蓄买房时，不妨换个说法："有钱才能买房，但前提是一定得努力工作。这是我们共同的责任。"

比利时谚语"跳舞不好的人，总是抱怨鞋子"点出了所有爱抱怨的人的特点：严格要求别人，却宽松对待自己。与其喋喋不休地抱怨，将自己与别人的生活搅得一团糟，不如尝试给大脑积极的暗示，并以乐观的心态去面对一切，这样生活才能重归正轨。

乐观，给你的人生注入正能量

人们总说性格决定命运，意思是说一个人的性格特质会对他的行为产生巨大的影响。乐观作为人类的性格特质之一，在我们的成长轨迹，乃至命运走向中扮演着重要的角色。

如果你始终保持着乐观的情绪，会更有兴趣、精力去面对生活中的未知，哪怕遭遇挫折也能保持昂扬的斗志。如果你生性悲观，整日里无精打采，生活便被笼罩上一层厚厚的阴霾。后者很难真正快乐起来，连带着身边的人也受影响。

有一天，赛利格曼与5岁的女儿尼奇在花园里播种。赛利格曼虽然撰写了大量的以儿童为主题的著作，但实际上他平时和孩子相处的时光少得可怜。他实在是太忙了。

此时，赛利格曼急着去完成写作任务，尼奇却一直缠着他，想要他陪自己玩耍。赛利格曼挖开泥土，让女儿将种子撒入土中。尼奇却手舞足蹈，将种子胡乱撒向半空。

赛利格曼火了，严肃教育女儿不要玩闹。尼奇噘着嘴，委屈地站在一旁。过了一会儿，她蹦蹦跳跳地跑过来，对赛利格曼说："爸爸，我能与你谈谈吗？"

赛利格曼点点头。尼奇滔滔不绝地说起来："爸爸，你还记得我刚刚过5岁的生日吗？从3岁到5岁，我每天都在说这个不好，那个不好。可是等我过5岁生日的时候，我决定要变得更乐观开心一点，这简直是我做过的最困难的决定了。"

赛利格曼愣了，尼奇问道："如果我变得更开心，您可以不再像以前那样总是板着脸吗？"

一句话点醒了赛利格曼，他突然想起过去五十年间，他一直生活在阴暗的氛围中。每天他都很不开心，可是从这一天开始，他决定敞开心扉，让积极乐观的情绪成为自己心灵的主导。后来赛利格曼提出了"积极心理学"的理论，影响了很多人。

美国服饰品牌Life is Good从成立之初，就一直秉持着这样的设计理念："生活并不完美。生活并不容易。但生活始终是美好的。"

那些曾跌落谷底却一直怀抱乐观精神的人给了创始人约翰和伯特最大的启示，他们认为，只有将乐观的力量传递下去，才能迎来一个更美好的世界。为此，约翰和伯特创建了"Life is Good儿童基金会"，专门用来帮助那些身处黑暗逆境的孩子。

来自多伦多的创意公司The Garden为了让人们更直观地感受到乐观的力量，创造了一台特殊的"乐观力量机器"。通过这台机器，但凡参与者心中涌起积极乐观的情绪，面前的水龙头开关就会被开启，自动接满一杯水。

我们都听过这样一个故事：悲观的人看见半杯水，会抱怨"为什么只有半杯水"，而乐观的人却欢呼雀跃"幸好还有半杯水"。"乐观力量机器"的发明者正是受了这个故事的启发，他说："积极的思考能够影响你的心理健康，但我们希望证明乐观可以带来物质上的好处。"

乐观的人凡事都往好处想，对未来始终充满了期待。这样的人每做一件事前，都信心满满，不会预设那么多无法克服的困难，更不会被自己的想象所打倒。

乐观的人哪怕倒霉的时候，也会安慰自己说"未来所有的厄运已经被我预支一空，接下来的全部都是容易的生活了"。他们在人生低谷之时，每向前一步都会为自己加油打气"没有比这更糟的情况了，以后会越来越好"。

乐观的人会积极体验未知的人生，大多怀有"走出去"的勇气。而自卑、悲观的人却始终蜷缩在自己的"一亩三分田"里，对眼前的机会视而不见。与前者相比，他们的人生更加枯燥、无趣，少了很多色彩。

吴俊和吴明是一对双胞胎，奇怪的是，两人性格截然不同。哥哥吴俊性格内向，比较悲观，弟弟吴明却是个天生的乐天派。12岁那年，家人为兄弟俩过生日，并为他们准备了不同的礼物。吴俊收到了一个精美的拼图，吴明却只收到了一张明信片。

拆礼物的时候，吴俊的表情慢慢变得不开心起来，委屈道："这么大的拼图，我要拼到什么时候啊？我会很累的！"

吴明却仔细端详着明信片，兴奋地说："爸爸，这是巴黎埃菲尔铁塔吧，你是准备带我去这儿旅行吗？"爸爸笑眯眯道："等你长大了，你可以自己去哦。"

吴明一蹦三尺高："那太好了，真想快点长大啊！"

事后，爸爸担忧地对妈妈说："哥哥性格太娇气，人生之路也许不会那么顺利。"

果然，兄弟俩长大后走上了不同的人生道路。吴俊毕业后在大城市屡屡受挫，没过几个月就回到了老家，做着平庸的工作。吴明却走南闯北，始终有着一颗不安定的心。后来，他创业成功，年纪轻轻就做了一家互联网公司的老板……

诗人拜伦说："悲观的人虽生犹死，乐观的人永生不老。"积极的情绪能够提高人的韧性，这样的人也更容易获得成功。在平日生活里，凡事都要想想自己有什么，而不是没有什么。尽量隔绝负面情绪，为自己的人生注入正能量。

永远不要跟别人比幸运

总有人在潜意识里认为那些优秀者们成功的原因在于时势造英雄。拿马云来说，甚至有人断定，阿里巴巴若不是赶上了互联网浪潮，根本无法达到今天的成就。是运气造就了马云。

可是你有没有想过，为什么这幸运不曾落到你的头上呢？究竟你的失败是因为你起点低、背景差，还是因为你懒散堕落，视自律为空气？

永远不要和别人比幸运，你该比的是自律的程度，是坚持的力度。正如马云所说："永远不要跟别人比幸运，我从来没想过我比别人幸运，我也许比他们更有毅力，在最困难的时候，他们熬不住了，我可以多熬一秒钟、两秒钟。"

许熙就职于一家机械制造公司，入职六年来，他始终得不到晋升的机会。然而，和他同时进入公司的王建国却早在三年前被提拔为设计部的主任。

许熙对此愤愤不平，他到处和人说，王建国只是走了狗屎运而已。这些话传到了王建国的耳里，他却只是笑笑，并未放在心上。

这一年，公司招来了一批新人，大部分能力都很强。瞧见新人们忙忙碌碌的样子，许熙及其他几个老员工总是聚在一起笑话这批新人太呆板，不懂得偷懒。

有一天，王建国突然将老员工们叫进了会议室，严肃道："你们再这样下去，就会被新人取而代之了。"老员工们不由得面面相觑。王建国向许熙问道："你四处对人说，我的运气比你好一点，才当上了主任，我不相信你不知道真正的原因在哪里。"

见许熙的脸红一阵白一阵，王建国嘲讽道："等到你被公司扫地出门，新人坐上了你的位置，你还要将自己的失败归结为新人的运气比你好吗？"

生活是一本难念的经，每当工作遇到阻碍或者创业频频碰壁的时候，总有人会将自己失败的原因归结为缺少运气，却不曾尝试着从自身寻找原因。

在你与别人比运气之前，首先弄清这个问题：真正的幸运是建立在实力之上的。而那寥寥无几、没有实力做基底的幸运根本无法长久保持下去，风一吹就散。

那么，实力从何而来？是日复一日的自律，是坚持到底的勇气。与其妒忌他人的成功和运气，不如学习他们自律的精神。幸运之神只会青睐真正脚踏实地去努力的人。

幸运是失败者的借口。他们总是在哪儿跌倒，就躺在哪儿，一边抱怨失意的现状，一边艳羡他人的成功。他们看不到成功者背后的努力，只盲目地渴望运气能砸在自己头上。

幸运又是成功者的谦辞。这样的人不会因一时的失意而一蹶不振，更不会因为一时的运气而故步自封。他们在一段段奋斗的旅途中变得愈发坚强、自律，从未有过纵情享乐的时刻。运气，对他们而言，是努力之后必会拥有的收获；失败，却是人生的"强心针""清醒剂"。

没有谁比你更幸运，他们不过是比你更有毅力罢了。古往今来，那些成功者的手下败将可能更聪明，更强壮；资金更雄厚，更有威望。他们失败的原因不在于不幸运，而在于缺少毅力。

年轻人总得经历弯路才能成长。普通人更得经过千锤百炼才能成材。唯有坚持才是幸运的敲门砖，唯有自律才是奇迹的助推器。

张轩大学毕业后和同乡室友胡明回到老家，两人凑了一笔钱在县里开了一家民宿。民宿周边人流量较大，唯一不理想的是它周边围绕着三家酒店。张轩观察了很长时间，心里有了判断。他告诉胡明说："如果我们能击败其他对手，绝对能挣大钱。"

谁料三个月过去了，民宿生意十分惨淡。胡明沮丧至极，整日睡到日上三竿才起，到了民宿就坐在前台玩手机。张轩十分看不惯胡明的堕落，两人大吵一架后，胡明选择了撤资。

张轩咬牙扛下了重担，为了改变现状，他一边开动脑筋，策划起各种营销活动；一边亲自打理民宿大小事务，事事亲力亲为。半年后，生意渐渐好了起来。

张轩的特色民宿慢慢有了名气，旁边酒店的生意却一落千丈。有两家酒店见利润微薄，主动退出了竞争，而第三家酒店最终将生意转让给了张轩。没出几年，张轩已经成为县里知名的企业家。而胡明的生活却不见起色……

胡明与张轩曾站在同一起点上，结局却截然不同。是因为他比张轩少了点运气吗？答案是否定的。要知道幸运向来是可遇不可求的，张轩的幸运来自他几年如一日的自律与坚守。可见，坚持就是胜利，这句话不单单只是一句口号而已。

不要因暂时的挫折而放弃所有希望

老人们常说"留得青山在，不怕没柴烧"。只要生命还在继续，一切都还来得及。无论你放弃什么，也永远不要放弃希望。

记住，生活就是"逢山开路，遇水架桥"。只要不放弃，哪怕身处绝境之中，也能等到"柳暗花明"的转机，何况只是暂时的挫折与失意。

克里斯蒂娜·拉加德大学毕业的时候，准备进入巴黎政治学院继续深造。为了能成为该学院的学生，拉加德十分努力。然而，她却没有顺利通过选拔。

拉加德伤心极了，很长一段时间里她都走不出这阴影。母亲知晓这一情况后，特意将她接回家休养。拉加德整日躺在后院的躺椅上，郁郁寡欢。

后院里养了一群鸡，有只母鸡刚孵出十几只小鸡。时间久了，拉加德发现一个奇怪的现象：母亲花了很长时间在鸡窝旁边垒了一条小土坡，坡长约10米，高1米。

每次，母亲手攥米粒喂小鸡的时候，从不会将米粒全部撒出去，总是在地上撒一点米，再向前走几步，再撒一点米，慢慢将小鸡引到土坡上来。

拉加德发现，一开始，小鸡还摇摇摆摆，步履蹒跚，之后却变得越来越灵活，越来越快。瞧拉加德疑惑不解的样子，母亲解释道："小鸡目前能力有限，只有一步步引导，它才能慢慢达到目标。正如目前的你一样，只有一步一步往前走，才能实现梦想。"

母亲顿了顿，又道："人生之路充满了挫折与艰辛，不能因一时的挫折就抑郁颓丧。"

从那以后，拉加德重新振作起来，她脚踏实地地向前走去，终于在2011年成为国际货币基金组织的总裁，创下了一番傲人的事业。

永远不要因暂时的挫折就一蹶不振，甚至放弃所有"生"的希望，一个劲儿地将自己逼向墙角。只因那些让你万分为难的坎儿，反而是人生的转折点。

有人说，人在低谷之时，往往能迎来绝地重生的机会。换个角度去看待世事，你会发现，逆境不是命运的不公，它也许是上天为你设置的考验，只要你经受住了这打击，成功将指日可待。你若此时放弃希望，等于放弃了重新开始的机会。

那些暂时的失意与痛苦，是塑造人格的绝佳机会，而这也是成功的必经途径。正如俞敏洪所说："我常告诉那些爱情的追求者，不要因为被拒绝就不再表达自己的爱情；我也告诉那些创业者，不要因为失败就不再追求自己的事业。"

他让年轻人谨记：不要因为连续下几天雨，就认为太阳再也不会出来。一次失败代表不了什么，哪个成功人士背后不曾经历无数辛酸的旅程？

成功不是一蹴而就的。值得你一路奔跑，永不松懈的目标永远高悬在山顶，让你无法轻易摘取。只有跨越千山，踏遍荆棘，你的人生才圆满。

记住，每个人都将拥有属于自己的机遇，但它们未必会出现在同一时期。你需要耐心等待，默默蓄力，确保机遇来临的时候能以最好的状态去迎接，去挑战。

1944年，他出生在贵州某贫困山区。家里一共有兄妹7人，全靠着父亲微薄的工资养活。他是老大，理应做出更多牺牲。于是，直到高中毕业，他都没有穿过几件像样的衣服。

面对同学的嘲笑，他将所有的委屈与不甘发泄到了学习上，立志要考入理想中的大学。靠着超越常人的努力，他终于实现了梦想，成为村里人人羡慕的大学生。谁知后来因为种种原因，他并没有从大学毕业。那段时间他觉得天都塌了，整个人萎靡不振了很久。

后来，他意识到自己不能败在这个坎儿上，私下里偷偷捧起书本，自学起来。这段经历为他积累了很多实用知识。多年后，他进入部队，成为一名建筑兵。那一时期的他对人生充满希望。可是好久不长，建制被撤销，他只能转业去深圳重新开始。

他很快挺过了人生中的第二次打击，积极面对新生活。此后，人生的逆境接踵而至，他却从来没有想过放弃……

他就是任正非，43岁那年，他决定辞职创业，历经千辛万苦，终于创下了华为的神话。对此，很多人感慨道，如果任正非从一开始就选择了放弃，怎配拥有如今的辉煌成就？

想将一个目标坚持到底，是一件万分艰难的事情。谁都想享受毫不费力的人生，所以成功者始终是凤毛麟角。大多数人只见到了眼前的滚滚浓云，却忘了乌云背后必定藏着阳光。

对于身怀梦想的年轻人来说，挣扎徘徊，彷徨迷茫都是常有的状态。但只要一直在路上，就不要畏惧意料之中的挫折与困难，更不要丢失重新开始的勇气与决断。

在困难的时候，抓住一切的可能

在有限的人生旅途中，我们可能会遭遇层出不穷的困难、挫折、失败与坎坷。脆弱胆小的人面对困难，会埋怨自己的出身，会怀疑自己的能力，会想尽一切办法去逃避。

而坚强自律的人却视困难为通向幸福的必经途径，他们不会任由自己颓废，反而会想尽一切可能去拯救陷于困境的自己，始终凝心聚气，砥砺前行。

八月的一天夜里，老秀才谈迁像以往一样，就着微弱的灯光看起了书。看着看着，他突然觉得头晕目眩，周身不适。谈迁叹了口气，收起书本，躺在床上昏然入睡。

岂知一名小偷正躲在屋外的枣林里，见屋内灯光熄灭，小偷蹑手蹑脚地溜入谈迁家里。他环顾四周，目光落在了床头的箱子上。小偷抱起箱子逃出屋外，钻入枣林，消失得无影无踪。他并不知道，自己偷的并不是什么值钱的物事，而是一摞手稿。

原来，谈迁年轻的时候嗜书如命。他博览群书，最感兴趣的是历史，特别是有关明朝的史事。但他发现当时并无一本史书能够如实地反映出明朝兴衰，于是决定亲自编纂出一本可靠的国史，留给后人观阅。他辛苦了二十多年，终于完成了一部一百卷的《国榷》初稿，谁知一夜之间竟不翼而飞。谈迁大哭一场后，竟然决定从头开始，再次踏上奋斗的征程……

年过半百的谈迁一夜之间失去了二十多年的心血，这对于任何人而言都是难以承受的打击。而他却决定再一次从零开始，重新出发。若非自强自律，他早已败在了挫折面前。

这之后，谈迁一面找来不同的史书作为参考，一面奔走于嘉善、归安、吴兴等地，亲身收集史料。为了验证史料的正确性，他不顾年事已高，带上书稿千里迢迢奔赴北京……

历史学家谈迁一生的治学艰辛让后人们敬仰不已，而他的《国榷》已经成为著名的编年体史书之一。若你我在困难面前，也能如谈迁老先生一般坚忍顽强，哪怕最艰辛的日子里也保持着高度的自律，想必无论遇到多大的困难都能迎刃而解。

成长路上，跌跤属于常事。遇到这种情况，有的人第一反应是趴在原地，哭闹不休、怨天尤人。如此一来，阻碍他们前行的问题却也被无限期地拖延了下去。

另一些人却没有时间去沮丧绝望，他们前仆后继，左右突围，积极寻找着让自己重新站起来的方法。这样的行为若是落在了不明就里的人眼里，往往只能迎来垂死挣扎的嘲讽式的评论。然而，事实一再证明，只有这样的人才有机会登上高峰，遍览风景。

这其实是在说，意志力薄弱的人遭遇一点打击，便一蹶不振、溃不成军，逃避成了他们唯一的选择；而自律的人却永远不会认命，无论经历何种境遇，他们始终坚信困难只是暂时的，若一味逃避，却可能让眼前的困境无限期地延长。

要知道天大的困难都有破解之法，关键在于你有没有想尽一切的可能。作为普通人的我们，只有扑入自律的怀抱，拒绝逃避的陷阱，才能在生活的迷雾中迎来胜利的曙光。

第一次高考落榜后，马云去肯德基应聘店员，24个应聘者中，只有他被拒绝。对方给出的理由是：他长得太丑。这失败令他记忆犹新。庆幸的是，他非但没有被打倒，反而积极寻找生命中其他的可能性。这为他的创业之路开了个好头。

后来，无论马云遇到怎样的困难，始终保持着生活习惯上和精神上的高度自律，他不允许自己陷入绝望之中，向生活摇尾乞怜；更不会任由自己逃避，将难得的机遇垂手相送。

创业之初，马云为了让自己的海博翻译社能够撑下去，干脆背着麻袋跑到义乌，批发一些袜子小饰品回来卖。为了赚取更多资金，他还上门推销商品，受尽了白眼。

后来，马云创办了阿里巴巴。2003年非典肆虐的那段时间里，阿里巴巴的一名员工突发高烧，被送进医院。不久后，整个公司被隔离。见公司陷入困境，马云心急如焚。他积极开动脑筋，想出了一个好办法：让员工将所有网线电话线接到了家里面，在自己家里办公。

隔绝的八天里，见阿里巴巴的业务并没有落后，整个公司的运转也在正常进行，马云终于松了一口气。有一段时间，阿里巴巴因为错误开辟海外市场，运营成本高居不下，差点面临倒闭的结局。马云再一次扛住了这巨大的打击，他通过缩减阿里巴巴的运营费、相继关闭海外办事处等种种措施，最终成功地度过了危险期……

马云之所以能从当初那个无名小卒摇身一变成为如今的创业偶像，原因在于他始终不惧困难与挫折，积极拥抱希望，面向光明。

实际上，人生就是一串又一串的困难连起来的。不想成为生活的失意者，平日里别忘了加强自我修养，加强自控能力；困难到来的时候更要迸发出双倍的勇气，积极寻找自救的方法，不放过一切可能性。记住，你的心态决定你的未来，千万不要还未尝试便轻易放弃。

第七章

情绪自律，对抗自己而不是对抗世界

倦怠：松绑身心，找到坚持的理由和动力

"三天打鱼，两天晒网"的人常常会产生倦怠的情绪，他们总是抱怨说："为什么我工作起来总是提不起精神呢？"生活对他们而言，仿佛毫无意义。

而真正自律的人即便有过倦怠期，也能够及时摆脱这种情绪的束缚。他们懂得如何去松绑身心，如何寻找坚持的理由和动力。

周霞从事销售工作，入职之初，她面对客户的时候总是开朗热情，做事也格外麻利，深受上司好评，岂料前段时间她却因为工作拖延，频频抗拒客户要求等原因被上司通报批评。

这件事让周霞颇受打击，从那以后她的心情变得越来越糟糕。无奈之下，她找到了自己的主管寻求帮助。主管一针见血地指出："我注意到你入职之初是很积极的，可惜这种工作态度没有保持下去。当然，我理解，谁都有累的时候……"

说到这里，主管话锋一转，继续道："但对于真正自律的人来说，情绪问题不足以成为困扰。对待工作，你越是偷懒懈怠，成就感就越是不足，长此以往，你只会变得越来越倦怠。而自律的人的'累'单纯只是因为工作压力大而已，一旦他们见到回报，这疲倦自会消失……"

想要解决情绪问题，首先要学会情绪管理。情绪管理的前提是完全理解并接纳自己的情绪，在这个基础上理性地思考情绪产生的原因，从源头出发，调整、控制自己的行动。

对生活产生倦怠、疲惫感，很有可能是因为你始终处于一种万年不变的状态

中。就好比一成不变的饮食习惯，很容易让人丧失对美食的兴趣；日复一日的生活，也很容易夺走你的热情。生活机械地旋转，没有停歇，你感到越来越无所适从。

而职业倦怠的成因则更加复杂。1974年弗洛德伯格提出，某些助人行业中极容易出现某种情绪性耗竭的症状。随后马斯勒等人提出一种名为"职业倦怠"的心理综合征。

当个体不能自如应对工作压力时，会产生一种极端的情绪反应，而这种消极反应及"情绪衰竭状态"必然会影响到个体的行为和选择。这是典型的职业倦怠。

当你在一份工作中沉浸多年，长时间背负压力前行时，倦怠自会慢慢产生；当你过着庸庸碌碌的日子，看不到未来希望的时候，倦怠感会油然而生；当你人到中年，即使有了不错的职业发展，却突然迷失了前行的方向和动力的时候，你一定会追问生活的意义。

无论是缺少自我驱动力或者外界驱动力，都会让你产生懈怠情绪。换一种说法，你的"成就感账户"极有可能出现了亏空。而导致这一问题的原因，正在于你不够自律。你的三分钟热度只会让你与期望中的结果越来越远，成就感也会变得越来越低。

心理学家丹·艾瑞里曾做过这样一个实验，首先他为参与者们提供了一个打工机会：通过堆乐高机器人来赚钱。堆好一个机器人将获得3美元的报酬，堆好第二个则是2.7美元。艾瑞里事先声明，报酬会越来越低，参与者若是感到不划算，随时可以停止。

参与者被分成两组：A组参与者的材料很多，可以一直堆下去；而B组参与者所拥有的材料有限，只能拿来堆两个机器人。当他们堆好一个，工作人员会当面拆掉，于是他们就陷入一种"无意义劳动"的循环中。最后，两组完成的数量比是11：7。

实验结果让艾瑞里颇为震撼，他总结道：当人们能明确感知到自己的工作成果的时候，他们能一直保持着工作动力；当人们毫无成就感的时候，工作积极性则大大降低。

由此看来，成就感才是解决倦怠情绪的关键。加强自律，增强你的成就感，情绪倦怠问题便不复存在。

首先，转换思维，尝试自我奖励法。定制一张"奖励清单"，完成预期行为后对自己进行奖赏，调动自我积极情绪。当然，大量实践证明，精神奖励起不到多大作用。

你可以将普雷马克原理应用到这个过程中，即用自己喜欢的事物来强化自己抗拒的事物，给自己设立相应的实质性奖励。比如说，运动了两小时，就奖励自己逛一小时论坛。

其次，实行自我监控法。定制一张详细的"行为表"，如实记录下一天的活动日程，包括拖延、分心等负面行为，这有利于我们直观感受、全面分析自己的工作状态。

同时，根据"监控"得来的反馈信息，整理出一套属于自己的"程序化应对手段"。如果自己的状态不对劲，要学会及时调节、排解情绪。

另外，你还可以为自己设置一个"成就感储存罐"。如果生活缺乏动力，那就为自己找找乐子，每天都要在想象中的储存罐里存一点成就感进去。久而久之，你会在未来的某一天里惊喜地发现，原来自己已经走了这么远。

除了以上方法，当下解决情绪倦怠的最有用的方法是立即休息，松绑你的身心。对于精神紧张的现代人来说，负累太久而不懂得排解，一定会被压垮。懂得一套行之有效的"心理按摩法"，按时休息，可以安抚我们躁动不安的神经。

休息的方式多种多样，你可以完全放松自己，大睡一觉，也可以去看书，去听舒缓的音乐。你还可以看一部有趣的电影，大乐一场，也可以来一场"慢旅行"。

记住，哪怕你是"金刚"，也有承受不了的时候。除了要适当休息外，更要积极寻找坚持下去的动力和理由，这样工作起来才更有干劲，生活也变得更有目的和意义。

愤怒：自律，不要在生气的时候做决定

有一句话是这样说的："滚水看不清倒影，盛怒看不见真相。"这背后蕴含着深刻的含义。只因人在盛怒之时做出的大部分决定，往往会害了自己。

陆军部长斯坦顿曾在与林肯会面的过程中提起某位少将。斯坦顿说，这位少将总是在外散布谣言说他私德有亏，包藏祸心。斯坦顿越说越生气，怒道："这个人实在是太过分了，他的那些话对我而言是侮辱！"

见斯坦顿恶狠狠地捏起拳头，气得额上青筋暴起，林肯沉声建议道："不如写信好好痛骂他一顿。"斯坦顿点头同意，他第一时间找来信纸，花了半小时写了一封措辞极其尖刻的信，写完后又给林肯从头到尾读了一遍。

林肯连连点头，道："很痛快，真是出了一口恶气呢！"

当斯坦顿将信折好塞进信封，正准备让人送出去的时候，林肯及时拦住了他。见斯坦顿疑惑不解的样子，林肯微笑道："这封信已经发挥了它真正的作用，此时应该烧了它。"

林肯解释说："这封信本来就是用来发泄你愤怒的情绪的呀，如果你将它寄出去不定会闹出怎样的矛盾来呢。既然你已经冷静下来了，请将它烧掉，再写第二封信吧。"

据传林肯在愤怒的时候写的信，都会立即烧掉，绝不会流传出去。正是这种自律与理性，才造就了他传奇、伟大的一生。

每一个自律的人，都有着极其高超的情绪管理能力。弗洛伊德曾用"马与骑

手"来比喻愤怒的情绪与理智之间的无休无止的冲突。作为一名出色的骑手，最大的优点是：从来不会在愤怒的时候做判断、下决定。只因他知道，真相往往隐藏在盛怒情绪之后。

历史上，有很多因一时之气而将此生断送的人，令人惋惜不已。拿屈原来说，千年前，楚顷襄王听信奸臣谗言，将屈原放逐湘南，后者一气之下投了汨罗江。

屈原的气节千古赞颂，之后的结局却是可悲可叹。随着楚国朝中如屈原这般清正廉洁的大臣越来越少，君王变得越来越昏庸，楚国的领土也一天比一天缩小，最后终于为秦国所灭。

到了现代社会，这样的事情充斥在普通人的生活里，更是不胜枚举。被愤怒冲昏头脑的人将应该背负的责任和种种现实情况抛到了脑后，轻易做出决定，事后又后悔不已。

某社会调查显示，很多刑事案件背后，都站着一位在盛怒之时管控不了自身情绪的犯人。他们任由怒气喷泻而出，直至双手沾满了罪恶。记者采访这些犯人的时候，让人印象最深刻的是他们脸上绝望的表情和颤抖的话语："如果当初……"

如果当初理智占了上风，怎会一而再再而三地发生悲剧？因生气做出错误决策的事，很多人都曾经历过。他们中有的人付出了惨痛的代价，有的人幸运地逃过了惩罚。如果你是后果，别庆幸得太早，只因幸运之神不会永远垂青于你。唯有自律，你的一生才不会偏离轨道。

刘浩在儿子18岁生日的那一天，向他讲起了一个故事。刘浩说，他小时候养了一只名为"大黑"的狗，聪明而忠诚，陪伴年幼的他度过了很多孤寂的岁月。

有一天，父亲做农活回来，见刘浩躺在院前的地上奄奄一息，身上有很多撕裂的伤口。那只黑狗嗅着刘浩受伤的胳膊，喉咙里发出低低的声音。父亲定睛一看，黑狗嘴边带有血迹。他勃然大怒，抄起扁担向黑狗打去。那天他足足打了一个多小时，最终将黑狗活活打死。

儿子迫不及待地插嘴道："后来呢？"刘浩眼里蓄满了泪水，良久，他低声说："实际上那天咬伤我的是一只流浪狗，是大黑拼死撵走了流浪狗，将我救了下来。"

那时候刘浩蹒跚着爬起，想要向父亲解释事情的真相，可是盛怒至极的父亲根本顾不上理会他。而父亲暴打黑狗，用它来发泄怒气的样子，成为刘浩最可怕的记忆。

刘浩严肃地对儿子说道："我想告诉你的是，无论多么生气，都不要轻易做出决定，否则只能留下无可挽回的遗憾。"

人在生气的时候意志力是最薄弱的，情商也会降至零点。这时候我们说的话、做的事唯一的目的是发泄怒气，极有可能不是出于本意。

纵观身边的那些自律者，他们厉害的地方正在于他们从不会在生气的时候做决定。只因当我们被愤怒蒙蔽了双眼的时候，便已埋下了悲剧的种子。

不满：适当收起你的敏感和苛刻

生活中我们经常能遇到这样的人：性格太过于敏感，会因为别人一个眼神、一句话就耿耿于怀，情绪起伏不定。如果你也有类似的"症状"，请及时告诉自己：你对外界事物的反应正是你内心的投射，如果你觉得这个世界都对你充满恶意，问题一定出在你自己身上。

韩梅很爱美，也很自卑，偏偏自己眼睛偏小，身材微胖。每逢身处公共场合，她都很在意别人的目光。几乎每次，她都会觉得别人眼神异样，这让她极其不舒服。

一次大学同学聚会的时候，同桌石磊开了几个不痛不痒的玩笑，韩梅的情绪一下就"爆"了。她冲着石磊大喊大叫，质问他为什么瞧不起自己，之后趴在一边痛哭起来。

见她反应过激，大家面面相觑，悄悄散了。韩梅意识到了自己的问题，对同一宿舍的张颖倾诉道："为什么我感觉每一个窃窃私语的人都在说我的坏话呢？大家是不是都很讨厌我？"张颖吞吞吐吐道："你太敏感了，即使大家真的不喜欢你，也是因为这个原因。"

张颖说，韩梅总是"怼天怼地"，或者无缘无故地误解、咒骂别人，整个人随时处于戒备状态中，让人不敢接近。

见韩梅又委屈起来，张颖忙不迭道："其实你很优秀啊，功课好，为人上进，如果你能改掉这个毛病，一定会很受欢迎的。"

现实生活中，一些人会比另一些人更敏感。心理学家伊莲·艾伦针对高敏感人群进行了相关研究，她发现，美国人中的高敏感人群占据15%-20%，他们与周围的人截然不同。而这一群体通常有着以下特征：

一、感知能力强。对生活细节有着常人难以企及的敏锐度，他们总能发现一些极易被人忽视的点。

二、情绪察觉力高。他们能够及时察觉到自己的内在情绪状态。但是，他们的情绪感应越强烈，就越容易放大情绪，乃至走入某种极端中。

过多的信息、情绪和感知让高敏感人群的创造力和同理心远远优于常人，然而，当他们将这些特征用于人际交往中的时候，反而会给别人带来困扰。原因如下：

（1）高敏感人群的内心总是承受着更多的负面情绪，比如说痛苦、压力、焦虑，当他们被自身情绪淹没的时候，为了找到出口，他们会将这些负面情绪转移到他人身上。

（2）高敏感人群由于感知力突出，通常会对事物的细节极其关注，甚至会达到挑剔、苛刻的地步。这种不健康的完美主义倾向等于在他们的人际交往中埋下了一颗"炸弹"。

在社交场所中，高敏感人群极易受到周围气氛的影响。当他们处于和谐的环境中的时候，他们会变得正能量十足；当他们处于消极环境中的时候，他们会变得十分苛刻，充满攻击性。现实是，哪有一成不变的、永远充满爱意的生活和工作环境？

成长过程中，你必定会受委屈，必定要经受一些不开心、不圆满、不如你意的事情。如果你太过敏感，事事都要计较，动不动就生闷气，或者又哭又闹，受伤的终究是你自己。

况且，很多事情根本就是你自己幻想出来的，你的"玻璃心"让你觉得周围的人都是敌人，于是你无时无刻不竖起耳朵，观察着别人的一举一动，浪费了自己的时间和精力不说，还对别人的正常生活造成了干扰。其实大家都忙着走自己的路，哪有空去关注你？

如果你的人生时刻都处于高度敏感之中，总有一天，你的朋友会远离你，你自己也会因为这阴暗、抑郁的生活变得越来越难以解脱。想要改变这种状态，尝试着做到以下几点：

首先，进行冥想练习。当你在某一场合中感受到情绪压力的时候，先别急着爆发，尝试收回所有对外界的注意力，集中于自己的内心世界。冥想几分钟，再回到现实世界中，这时候你会发现，你之前的不满、沮丧、痛苦完全是不必要的。

其次，及时沟通，解释误会。若别人的一句话、某个举动引起了你的怀疑与敏感，冲他们发火，或者默默憋在心里都不是解决问题的办法。你可以和对方开诚布公地谈一谈，注意口气要委婉和善。只要能做到及时沟通，你的人际交往障碍会少很多。

另外，一定要逐步培养自己的自信心。很多人的敏感正是源于自卑，所以他们才过分在意别人的看法。这种情况发展到最后，你会对整个世界都产生怀疑。

凡事大胆一点，自信一点，将自己的长处发挥至极限，你也就没有多余的时间去疑神疑鬼了。当你对自己、对未来充满信心的时候，那点敏感阴暗的小心思早已消失得无影无踪。

任性：感情用事是犯错误的开始

你是否常常感到自己太任性，太容易受情绪的驱使？任性的人与自律的人是两个极端，前者往往无法控制自己，为人处世之时滥用感情。而你一旦开始感情用事，就会犯错误。

有一次，印度人阿米尔和犹太人亚伯拉罕洽谈好了一笔生意，结果阿米尔因为种种原因，做出了违背合约的行为。他很是忐忑，耳边不时回荡着前辈们曾警告他的话："在与犹太人打交道的时候千万不要违背契约，这在他们看来是不可饶恕的错误。"

阿米尔硬着头皮去见亚伯拉罕，吞吞吐吐地说出了自己违背合同的原因。他一边说，一边观察着对方的神色，生怕对方在盛怒下做出失去理性的行为。

亚伯拉罕始终神情镇定，他一言不发地听着阿米尔的解释，显得极其耐心有礼。随后，亚伯拉罕拿来了合同，口气平静道："您违反了这几条，那么按照之前的合约，您理所应当赔偿我相应的损失……"

阿米尔连连称是，心里松了一口气。亚伯拉罕点点头，说："这损失是这样计算的……"

自律型人格和随意型人格最大的区别在于：前者睿智而理性，从不受困于自己的情绪；后者却骄纵任性，任由感情支配自己的行为。

心中若无自律的意识，你做任何事情都会依赖于主观思考和判断，惯以个人的喜好和感情来行事，而不去考虑其后果，致使人生频频陷入困局之中。相反，一个高度自律的人却能清晰地认识到感情用事的危害，懂得运用理智来规避很多不必要的麻烦。

普通人拥有七情六欲，难免有控制不住自己情感的时候。但是你若提前在自己心中种下自律的种子，凡事以最高的标准来约束自己，便能提高阈值，降低感情用事的概率。

莎士比亚的名著《奥赛罗》中，主人公奥赛罗因听信小人伊阿古的谗言，亲手扼杀了心爱的妻子。当真相暴露出来后，奥赛罗发现自己竟然亲手毁了原本幸福美满的生活，他只有以死来谢罪。如果奥赛罗不感情用事，何以铸成这般难以挽回的大错？

而生活中，因感情用事造成严重后果的案例更是比比皆是。比如说，有的人因为一时冲动，竟在公众场合挑起激烈的斗殴，不仅给治安造成麻烦，更给自己的前途留下了阴影；有的人因为过往的仇怨，竟无视法律法规的尊严，最终赔上了自己的青春……

假如他们当初能够严格要求自己的行为，何来今日的悔不当初？这就是不够自律的后果及感情用事的代价。

林源曾是一名法官，一次审判中，他赫然发现站在被告席上的竟然是自己曾经暗恋过的女孩王媛媛。她是林源的高中同学，长相甜美，气质高雅，一度让他魂牵梦绕，无法忘怀。

林源内心波涛汹涌，他目不转睛地看着王媛媛，发现对方并无太大变化，还是那副清纯甜美的长相。林源又将目光转向原告席，只觉得原告长得凶神恶煞、猥琐至极。他心中升起一股厌恶之心，完全没意识到，他心中的杠杆早已大幅度偏向了被告。

林源听着案情陈述，只觉得一切错误都出在原告身上，他感情用事地将原告判为败诉。结果这件事被庭中听判的记者报道了出去，在社会上掀起了一片舆论。

林源被迫辞职，事后他后悔不迭道："身为法官竟然感情用事，真是我的失职！我该秉公办理这个案子的……"

无论任何时候、面对任何人都应自律自觉，时刻坚守理性和公平。那么，如何才能避免感情用事呢？

首先，想要突破负面情绪的控制，一定要拿回情绪的主动权。你必须对你的情绪有深刻的认识，并果断拉开情绪与自身的分界线。只因太过饱满、强烈的情绪，足以吞没你的理智思维。如果你放任自己，任由这情绪蔓延，它只会变得越来越难以控制。

多少人任性发泄情绪的时候，误以为将这情绪宣泄出去是最重要的事情，实际上是让情绪占了上风。放任自流是错误的决定，你要依靠自律去压制情绪，尝试着拿回主动权。

其次，在情绪发生的当下，努力去感受它。克制不住的时候，尽量调整呼吸，聆听来自内心的声音："是赌气一时重要，还是痛苦一世重要？你一定不希望事情变得越来越糟糕吧？"让这情绪慢下来，才有时间去唤回你的理智和意志力。

另外，你还可以请求身边的亲朋好友作为督导，让他们在你无法自控的时候及时提醒你。大部分任性的人是无法意识到自身的任性的，他们会不自觉地将一切视为别人的刁难。有理了不依不饶，无理也要搅三分。这时候，外人的监督极其重要。

靠着自律，靠着大家的帮助和引导，你会慢慢建立起良好的习惯，将自身性格中的倒刺一一拔除，变得越来越理智、优秀，人生的路也将越走越平坦。

郁闷：不要让你的情绪影响你的健康

心情烦躁郁闷是每个人都曾有过的经历。不管做什么，时间长了总会有躁动不安的时候，但内心强大的人却不会任由情绪主宰生活。因着那分自律与克制，他们再难受，也不会做出伤害身心的事情。而脆弱的人却可能会因为一时的心烦，而做出一辈子的傻事。

拿失恋来说，这固然是一件不幸的事情，但请记住，无论怎样伤心，都不值得赔上身心健康，乃至耽误一生的幸福。

张扬和王燕是一对恋人，两人感情一直不错，深受外人羡慕。后来王燕却不顾张扬的劝阻，毅然回到老家，考取了当地的公务员，两人从此开始了异地恋的生活。

谁知后来王燕对一名男同事产生了好感，与张扬闹起了分手。张扬深受打击，尽管他百般挽留，却始终挽回不了王燕的心。失恋后，张扬陷入了长期的郁闷之中。工作之时，他连连失神，犯了一连串的错误。因表现反常，张扬很快便被公司开除。

张扬事业感情两失意，变得更郁闷了。他躲在出租屋里，不分昼夜地喝闷酒、打游戏，以此麻痹自己。半年下来，他已经变成了一个200多斤的大胖子，还患上了严重的胃病，并因此多次住院……

日常生活中，很多人习惯于将"郁闷""烦躁"这些消极词汇挂在嘴边。实际上这些是负面情绪——抑郁的代名词。首先，你要明白，这种情绪是很正常的。人生旅途很难一帆风顺，遇上点磕磕绊绊，心情跌到谷底，都是难免的事。

但是，如果你任由自己陷入郁闷的情绪中迟迟无法走出，甚至做出伤害自己的行为，事态就变得严重起来。最大的后果莫过于抑郁症。罹患抑郁症的人相当于被困在黑暗之中，眼睁睁地看着自己的生命热情一点点流逝却无能为力。

为了走出郁闷的情绪，你首先要做到与它握手言和。情绪并无好坏之分，而郁闷只是人类正常情绪之一而已。既然这难以避免，就尝试着将心态放平和。能够做到这一点的人通常自律克己，他们不会用种种"傻"举动去折磨自己，为难自己。

找知心好友倾诉，或找个安静无人之处，尝试着大哭一场。有人说，哭泣能够缓解紧张、烦恼的情绪，将身体里的"毒素"都排出去。哭完之后，你会感到轻松很多。

其次，将注意力转移到其他更积极的事情上。不够自律的人为了摆脱郁闷带来的痛苦，会选择用酒精来麻痹自己，另一些人则会用暴饮暴食的方式来缓解压力。这些行为不只会影响他们的健康，更会腐蚀他们的正常状态，将他们一步步拖入深渊。

与其在消极的想法里深陷、沉沦，不如起身做些积极的事情。研究表明，运动能够在短期内让人心情舒畅，难过抑郁的时候要不大汗淋漓地运动一场，要不去逛逛街，去唱唱歌。适当转移下注意力，能够帮助你找回稳定的情绪。

最后，你可以尝试着降低自己的期望值。很多时候，"理想丰满，现实骨感"是你郁闷的原因。对生活期望值越高的人越容易失望，也就更容易陷入失落的情绪中无法自拔。

自律的人向来清醒，能够接纳包括郁闷和烦躁在内的所有的情绪，所以他们总是能够轻易地与自我和解，逐步向正能量靠近。而普通人总是在高期待值的压迫下，做出伤害自己的行为。

吴海从毕业进入职场起就一直很不顺利，他卖过一段时间保险，也做过行政助理，之后干脆创业去摆地摊。然而令他失望的是，两三年混过去了，他依旧一事无成。

25岁生日那天，他突然陷入了抑郁中。他将自己关在房间里整整两天，瘫在床上，不吃不喝。父亲吓坏了，赶紧叫来自己的朋友李明，让他帮助自己开解儿子。

李明见到吴海，第一件事就是将他从床上拽起来，带他去城里最有名的火锅店吃饭。吴海一开始还耷拉着头，之后却抵抗不住火锅的诱人香气，不言不语地拿起筷子吃了起来。

饱食一顿后，李明将吴海带到自己的办公室。望着窗外灯火阑珊，吴海突然痛哭起来。李明默默听着，并未多说什么。大哭一场后，吴海感觉自己的情绪好了很多。他问李明道："李叔叔，你说我是不是完了啊？"

李明乐了："你才多大？你的人生才刚刚开始啊。"吴海将毕业以来的经历和盘托出，他越说越委屈，越说越觉得憋闷。李明严肃道："没想到你小子这么容易因为受挫折而放弃，这点小风小浪都经受不起，以后的路你怎么走？郁闷归郁闷，这情绪就像风，一下就散。你若动不动就伤害自己，是对自己、对父母最大的不负责任。"

没有一帆风顺的人生，也没有永远开心的人。郁闷就像感冒，时不时让你难受一下。你要做的是及时调整自己的心情，不要因负面情绪做出种种不理智的行为，或者拿它来伤害真正关爱你的家人。

焦虑：为什么越努力的人，越为明天发愁

生活中，似乎是越努力的人越容易焦虑。这条路永无尽头，一旦偶有松懈，他们心中反而会涌起无尽的内疚感，于是就变得越来越焦虑。

这样的人并非不自律，正是因为太过自律，他们反而走入了焦虑的死胡同中。而真正自律的人，会稳扎稳打地走好脚下的每一步路，内心始终沉稳、淡定而自信。

在同事眼里，陈荣是个极其努力的人。作为刚入职的业务员，他十分热衷于竞争，经常利用下班时间去搜集客户资料，为工作做准备。

为了加强业绩，陈荣私下里读了很多销售类的书籍，并整理出了很多销售招式和秘籍。上班期间，他一有空就跑到研发部，向相熟的工程师请教各类技术和专业知识。

让陈荣越来越焦虑的是，他再怎么努力，业绩始终无法再上一个台阶。压力大至顶点的时候，陈荣总是忍不住会给自己放个假，偷个懒。事后他却后悔无比。

有一次部门经理将一位重要客户交给他，令他全程跟进这位客户，务必将对方一举拿下。恰好那段时间陈荣状态不好，他在与客户交谈的时候频频走神，私下也没做好准备工作，令客户十分不悦。最后，陈荣丢掉了这笔单子。

这件事成了他的心病，从那天起，他失眠、焦虑的毛病越来越严重了，完全不知道该如何开解自己……

案例中的陈荣明明很努力，为什么他还这么焦虑？原因在于，他并没有将自己

的努力与自律当成一个深入骨髓的好习惯，而是将它当成了一个目标。当这个目标短时间内没有起到预期中的效果的时候，他就会变得焦虑起来。

现代社会中，不少人的心态与陈荣一模一样。那就是太过于急功近利，将自律与努力当成目标，而不是手段。

我们都想成为更好的人，但何为更好？根本没有一个清晰的定义。这其实是在告诉我们：努力没有上限，你的上进心永无尽头。殊不知，连亿万富翁都会陷入焦虑之中，为更好的明天发愁不已，何况是作为普通人的你。

为了成为更好的自己，你首先会强迫自己成为高度自律的人，甚至要求自己每时每刻都在做有意义的事情。但每个人的承受能力都是有限的，一旦你到了"顶"不住的时候，就会偷偷做出某些放松的行为。事后又会因此后悔不已。

这时候，你越是责怪自己，便越是焦虑。然而，真正自律的人是会避免走入这个循环怪圈中的。他们不会让负面情绪成为生活的主导，诀窍正在于以下几个方面：

首先，自律的人的目标一定有上限。比如说，如果我们想顺利通过考试，就不要混淆目标。但现实生活中的很多人会将学习时间的长短和努力程度的高低视为直接目的。这种没有上限的目标让他们焦虑不已，一旦偶有懈怠，就会变得越发焦虑。

而真正自律的人却会将一个个短期目标设置于每一日的特定时间段中，有条不紊地去进行。当这种努力变成习惯，任何时候他们都能毫不费力地去实行。

其次，自律的人会更有耐心，他们会随时更换努力的方式与路线，而这也是规避焦虑情绪的好方法。看过《肖申克的救赎》这一电影的人，都会对主角安迪印象深刻。他虽身陷囹圄，却能始终保持自律，多年如一日地为未来的出头之日做着准备。

这一天看似遥遥无期，他却始终保持着极大的耐心。如果你也有着这样的觉悟，就该认识到自律是一个漫长的过程，如果你失去了耐心，仅仅为了一时的偷懒行为、失败的结局而苛责自己，你当然会比其他人更容易陷入焦虑的情绪中。

如果努力暂时看不见回报，那就适时更换努力的方式与路线，用具体的行动去化解自己的焦虑。然而，一些人意识到自己的努力反而为自己带来焦虑的时候，往往会走入另一个误区中：为了不再焦虑，干脆放弃努力。

伟航在读博的那段时间里陷入了严重的焦虑情绪中。那段时间里，他停止了所有的论文计划，完全放弃了努力。开头那几天里，伟航感受到了一股久违的轻松。他整日待在宿舍里，开始玩起了以往不曾接触过的网络游戏，或者翻来覆去地看美剧……

日子久了，他反而变得越来越焦虑。宿舍里的其他三个"学霸"每日天不亮就起床，直忙到深夜才回来。伟航熬夜玩游戏的时候，他们却在通宵赶论文。白日，伟航一觉睡起来，面对空荡荡的寝室，看着镜子中憔悴不堪的自己，不由得痛哭起来。

有一天，导师将伟航叫进办公室，严肃地批评了他。伟航这才意识到，自己的行为有多愚蠢……

当伟航为了化解焦虑的情绪，干脆放弃努力的时候，他反而陷入了焦虑的深渊中，越来越难以自拔。而当他收拾心情，让自己的生活重归正常轨道的时候，他却发现原先的焦虑被慢慢稀释，眼前的路越来越清晰。

伟航重新调整了努力的目标，他不再苛求自己每一分每一秒都保持着旺盛的精力，而是力求让自己的每一天都过得充实。实行了一段时间后，他发现自己变得越来越享受当下的生活，而不会为未来去过分担忧。

虚荣：虚荣是骄傲的食物，轻蔑是它的饮料

心理学家说，虚荣心其实是一种暂时的、虚假的心理需要。当你穷尽一生去追逐这种不真实的荣誉感的时候，你会变得越来越盲目、自大、虚伪，再也无法客观地认识自我和世界。而自律的人却坚信，真正的荣誉在虚荣之外。

你是要真荣耀，还是假虚荣？细品以下这则民间故事，答案不言而喻。

一只青蛙生活在一片水塘里，它的邻居是两只大雁。天气越来越热，水塘里的水逐渐干涸。大雁和青蛙商量，要一起出发去寻找水源。

青蛙想了个好办法，说："你们找来一根木棍，各自叼着两端，我用嘴叼住中间，这样咱们就可以一起飞行啦！"大雁很开心，它们用这样的方法如愿将青蛙带上了天空。

当大雁带着青蛙低低飞过稻田的时候，农人们抬头观望，赞叹道："真是聪明的大雁，居然想出了这个好办法！"青蛙听到这些评论，内心愤愤不平道："这是我想出来的办法啊。"

当它们飞过另一座村庄之时，村民们聚在一起，拍手称赞道："从来没见过这么聪明的大雁！"青蛙终于忍不住了，它开口大喊道："这是我的主意……"

它话还没说完，就从半空中摔了下来……

曾有心理学家分析，虚荣是一种急于向外界表现自我，以此获得大范围关注的反常理的社会情感。这与上例中青蛙的反应不谋而合。人们喜欢用这则民间传说来告诫后人：不要为过多的虚荣心所累，它反而会害了你。

所谓爱美之心人皆有之，虚荣之心，大抵也是如此。每个人心里都藏着"显摆欲"。只要把握分寸，恰如其分的虚荣也是人之常情。

但若"显摆过度"，却会后患无穷。只因过高的虚荣心能葬送掉你的自律，让你从一个目标清晰、脚步沉稳的人变得越发浅薄轻浮、骄傲自满起来。

纵观身边那些优秀而自律的人，无不是在追求物质的同时，不忘拔高自己的精神世界。一旦他们心中的虚荣心超过了"警戒线"，便会逐步腐蚀其思想道德修养，境界也一再被拉低。正如智者所言，虚荣心能结出"恶果"，别让虚荣心蒙蔽了双眼。

"当你不去旅行，不去冒险，不去拼一份奖学金，不过没试过的生活，整天挂着QQ，刷着微博，逛着淘宝，玩着网游，干着我80岁都能做的事，你要青春干吗？"这十分真切地描述出了当代年轻人的一种颓靡状态。让他们失去自律的原因之一，正是虚荣。

当虚荣成了瘟疫，肆意横行于校园、社会之中的时候，中招的年轻人变得越来越多。豪宅名车吸引了他们的注意力，各种奢侈品俘虏了他们的心。急功近利的短视逐步吞没了他们的理智，所谓的自控力和责任心也变成了一纸空谈。

如何才能克服你的虚荣之心，防止它在交际中变得壮大、膨胀？

首先，你得在心中树立正确的荣誉观，并有所作为，而不是一事无成。人们对于荣誉的渴望，是他们做出成就的动力。但你要明白，通过弄虚作假、沽名钓誉等手段获得的荣誉，即使能够让你的虚荣心得到暂时的满足，你却得不到真正的尊重。

远离假虚荣，脚踏实地地去努力，朝着目标前进，是你获得真荣誉的前提。

其次，富兰克林说："虚荣是骄傲的食物，轻蔑是它的饮料。"一个太过虚荣的人，往往有着盲目自大的特性，常常生出轻蔑他人的情绪。想要克服虚荣心理，就一定要有自知之明，不仅对自己的长处有清晰的认识，也要客观地认识、接纳自己的短处。

于岚毕业后去了一家知名公司上班，她见身边的女同事个个履历丰富，家境优渥，自己却只是一个来自内陆小镇的平凡姑娘，不由得心生自卑。

出于虚荣心理，她不停地和邻座同事吹嘘说自己出身于一个富裕家庭，从小娇生惯养，除此之外，她还编造了很多游览欧洲国家的经历。为了圆谎，于岚刷爆了信用卡去置办像样的行头和包包，直到有一天，HR将她叫进了办公室，面无表情地通知道："你已被开除。"

瞧于岚崩溃的样子，HR解释道："当初招你进公司，是因为你的自信和进取心给我留下了深刻的印象。但事实证明，你的工作态度实在对不起我对你的赏识。"

于岚心理压力过大，将内心的想法一股脑儿地倾吐了起来。HR语重心长道："你不要只拿别人的长处比自己的短处，你也有你的过人之处。而你的同事们之所以能够赢得上司的青睐与尊重，不是因为他们的家境、背景，而是因为他们的工作能力。记住，华丽的衣服、精彩的履历并不能证明你自己，工作却能。"

无论是高估还是低估自己，都容易使人产生各种虚荣表现。若能实事求是地看待自己，生活中很多不必要的障碍和麻烦便一扫而空。

第八章

自律让你的事业有发展、有成就

多做一点点，更有竞争力

事业成功者在总结自己的经验时会反复强调，正因超越常人的自律，他们才成就了梦想中的自己。当别人问"何为自律，怎么才能自律"的时候，他们中的大部分人给出了高度一致的答案：自律其实就是每天都比别人多做一点点。

不积小流，何以成大海？而每一天都比身边的人多做一点，多走一步，才能永葆竞争力。

马克刚进洛克哈特事务所的时候，职位并不高，如今他却成了洛克哈特的左膀右臂，谈及他的升迁秘诀，马克神秘一笑，说："我的秘诀很简单，就是每天都比别人多做一点点。"

原来马克刚进事务所的时候，发现老板洛克哈特总是来得最早，走得最晚。每天下班后，洛克哈特都会留在办公室，继续整理文件，或处理相关事宜。

马克将这一切都看在眼里，从第二天起，每逢下班时间，他再不会像以前一样急着冲出办公室，而是耐着性子留下来，直到彻底解决完手头的事情。

洛克哈特有时候会让员工帮助他打印文件，或做一些跑腿的工作，马克对此表现得很积极。虽然他的工作量因此而增加，但洛克哈特明显对他也越来越信任起来。

半年后，马克被洛克哈特升为主管，他的事业之路从此开启……

社会上绝大部分人都是身份背景、智力水平差不多的普通人，但总有人能够脱颖而出，比他人获得更多机会。秘诀正在于：比别人多做一点点，才能更快地抵达成功。

所谓"一分耕耘，一分收获"，如果你自己都不知道为自己争取，就别指望你能比别人更有竞争力。只有静下心来做事，你的努力终有一天会得到成功的青睐。

有一句很经典的话是这样说的："只多了一点怠惰，亏空了千万成就；再多一点点努力，成就会几何倍增。"自律其实并不难，只要你每天都能多一分努力，自然能够得千万收成。相反，懒惰、抱怨却会让你丧失工作的勇气，乃至命运的主动权。

想要比别人多做一点点，首先得在目标上下苦功。自律的人在制定目标的时候会将自己的能力、对手的目标、行业目标这三项列为衡量标准。

他们总是将目标定得比自己的能力高一点，以此来激励自己向着更好的未来迈进；他们总会将目标定得比对手高一点，以向别人的短处进攻；他们更会将目标定得比行业要求高一点，努力走在行业前列，努力避免被淘汰的结局。

那么，如何才能比别人多做一点儿？在这个过程中，又应该注意哪些情况？

首先，自觉多一点，凡事主动去做。卡耐基认为，这个世界上有两种人注定会一事无成，一种是除非他人要求他去做，否则绝不会主动做事的人；另一种是绝不会听从他人的吩咐，也不主动去做事的人。

而那些不需要别人催促，却时刻自觉自律，且从不半途而废的人更有机会走向成功。正如卡耐基所言："这种人懂得要求自己多努力一点多付出一点，而且比别人预期的还要多。"

每一家企业需要的都是那些积极主动、有责任心的员工。只因工作需要一种自动自发的精神，老板不会一直跟在你身后告诉你下一步应该做什么，一切都需要你主动思考。你只有付出比常人更多的智慧和热情，才能得到最高的回报。

其次，做好每一件事，哪怕是小事。你有想过自己为什么会屡屡失败吗？你不是败给了事业心，也不是败给了机遇，而是败给了敷衍了事的坏习惯。而成功者却力求让自己经手的每一件事，都值得一声"精益求精、尽善尽美"的称赞。

职场上，我们每个人所做的工作都是由一件件小事构成的，想要比别人努力多一点点，就得保证把每一件小事都做到"完美"的程度。只有完美的细节才能体现出你的专业精神。当然，这需要你付出极大的热情和努力。

多年前，阿吉伯特是美国标准石油公司的一名小职员。刚进公司的时候，他工作勤恳努力，又积极主动，让身边的同事和上司赞不绝口。

后来，他得了个有趣的外号，叫作"每桶四美元"。这是因为他每次在书信、收据上签名时，都要在自己的名字下方认认真真地写上"每桶四美元的标准石油"这几个字。

有人好奇问他为什么这样做，他笑着回答说："这是一件人人都可以做到的小事，但对公司来说，却是一个免费的广告，我会坚持将它做下去。"

这件事传到了公司董事长洛克菲勒的耳里，他感动地对身边的人说道："这样努力宣扬公司声誉的职员，我一定要见见他。"于是，洛克菲勒设宴招待阿吉伯特，两人相谈甚欢。

阿吉伯特将这种凡事细心、主动的好品质延续了下去，多年如一日。当洛克菲勒从董事长的位置上退居二线的时候，他大力举荐阿吉伯特为第二任董事长。

一厘米一厘米地进步，一寸一寸地向上生长，一毫升一毫升地增加，这过程再缓慢，时间久了，也足以成就一个全新的你。记住，自律无非是每天都比别人多做一点点，成功无非是每天都比别人多收获一点点。

你对工作的态度决定你人生的高度

《财富》的杂志主编吉夫科曾说："格局决定结局，态度决定高度。"从某种意义上来说，你对待一件事的态度，决定了这件事的走向和最终结局。事业也是如此，你的态度决定了你是否能够全力以赴，亦决定了你最终能够达到的人生高度。

未来事业旅程中，必定充满艰辛与坎坷，时刻保持自律的心态，却能够让你走得更快更稳。比尔·盖茨在很早的时候就明白了这一点，这与他小时候经历的一件事息息相关。

比尔·盖茨在学校读书之时成绩十分优异，课业完成得比谁都快。后来有一位老师介绍他去学校的图书馆帮忙，临行前，老师叮嘱他说："做事一定要有始有终。"9岁的他懵懵懂懂地点了点头。

到了图书馆后，管理员将一堆过期的借阅书卡交到他手上。盖茨发现，书卡上的书早已不知去向。于是，他在偌大的图书馆里搜索起来，忙得团团转。

到了休息时间的时候，他已经找到了三本书。盖茨有点泄气，他闷闷不乐地回到家中。想不到第二天他来得更早，还对管理员承诺说，自己一定会干完这项工作。

从那以后，他每天都像一只小蜜蜂一样，勤勤恳恳地工作着，不断寻找丢失的书籍。让他没想到的是，几周以后家人带着他搬到了另一个社区，他不得不转学，图书馆的工作也暂时停了下来。盖茨思考良久，决定恳求父母答应自己回到以前学校读书的要求。

听了他的理由后，父亲沉默半晌，摸摸他的头以示鼓励。他如愿以偿，回到以前的学校，继续在图书馆工作。只因他心中始终回荡着一句话："做事一定要有始有终……"

比尔·盖茨曾说："工作本身没有高低贵贱之分，而对于工作的态度却有高低之别。收获成功还是失败，在于你拥有怎样的态度。"

9岁的他即便遇到了阻碍，脑海中从来没有出现过放弃的念头，他将那股常人难以企及的毅力和高度自律的精神一路延续了下去，直到做成了一番让世人艳羡不已的伟大事业。

站在数学的角度来说，工作成果与你的态度是呈正相关关系的。比尔·盖茨能够在事业上达到世人仰望的高度，离不开他顽强专一、永不松懈的态度与精神。

从理论上讲，特定对象的主观判断和价值取向构成其态度，它往往体现在一套较为稳定的目的、思想方法及主张上。而态度、经验、知识和技巧都是决定事业成就的关键性因素。

经验、知识奠定你事业的基础；态度决定你愿不愿意去做；技巧则决定你怎么去做。其中，态度扮演着"带动"的角色，能够直接决定最终的成败。

我们身边从不乏这样的人：抱怨自己的工作没有前途，薪水太低；一边偷懒，一边哀叹自己时运不济，怀才不遇；遇到难题，首先想到的是逃避与放弃；需要承担责任的时候，互相推诿逃避；每每活在幻想中，渴望天上掉馅饼……

其实，从来没有不重要的工作，有的只是不重视工作的人。你对待工作的态度消极，逐渐就会赶不上那些积极认真的同龄人的脚步，最后迎接你的就只能是失败。

那么，你对工作、对事业抱有怎样的态度，才能让人生变得越来越顺利？

最为关键的是，永远不要将工作当成谋生的手段，而要当成你事业的开始。无论你正从事哪一行，都要明白，你工作的目的不仅仅是为了那份报酬，这不足以成为你的自驱力。能够催使你上进的，永远是你的野心。

不妨将目前的工作视为起点，视为生命成长的契机，让它来激发你所有的毅力。而在奋斗的历程中，你只有不断提升自我价值，才能顺利实现越来越多的目标。

有个小伙子高考落榜后只好去做打工仔，他只会做普通面食，除此之外他几乎身无所长。后来，小伙子干脆去专业的学校学习做面食。家里的人骂他没出息，他听了只是憨憨地笑着，并不多说什么。

他将所有的精力倾注在这上面，想方设法精进自己的手艺。整整努力了一年后，小伙子已经能够将手中的面团"玩"得出神入化。在他手中，面团仿佛有了魔力。他能同时擀出12张饺子皮，也能做出一整桌丰盛美味的全面宴。

而他的独门绝技是将拉面拉得极细，甚至能够在一根小小的针眼里同时穿过20根面线。就凭着这门手艺，小伙子摇身一变，居然成了迪拜的高级面点师傅。有一次，他给美国国务卿表演"拉面穿针"，让对方赞叹不已，当场给了他一万美元的天价小费……

小伙子名为冯三峰，他的经历给了我们深刻的启示：再卑微的工作都可以成为你事业的起点，烘托你人生的高度，只要你认真以待，全力以赴。

你的态度决定了你的行为，决定了你将走过怎样的人生旅途。面对本职工作，你若积极热忱、足够自律，就一定会被重视；你若得过且过、安于现状，就只能守着次要的岗位，变得越来越可有可无，人生也会变得越来越苍白无趣。

用自律维持强烈的进取心

进取心是成功的基石。只有不满足于现状，永远保持着昂扬奋进的状态，我们才能成功征服一座又一座高峰。

然而，进取心同时又是一种极易消耗、极难维持的可贵品质。在奋斗的历程中，如果你无法保持高度的自律，进取心就会变成流沙，随着时间飞逝于掌心。

王龙毕业后来到一家五星级酒店上班，他从基层岗位做起，一做就是五年。他深知酒店管理层岗位少，若是自己不努力，即便领导层有了空缺凭自己的能力也很难胜任。

这五年来，王龙面对本职工作一向兢兢业业，他总是要求自己做到对任何细节都了如指掌。他还利用下班时间参加各种职业培训、管理培训，不断学习知识汲取营养。

临近30岁那一年，他的努力终于有了回报。那一天，王龙在公司宣传栏里看到了自己的名字，他欣喜地发现，原来他已经被提拔为副经理了。一个礼拜后，他正式上岗。随后的一个月里王龙都沉浸在喜悦之中，很难将注意力集中于分内工作上。

他将以往的努力、自律都抛到了脑后，上班期间对着同事指手画脚，大发官威，下班了就钻进酒吧玩乐。结果三个月后，他并未通过考核，一天之内又被打回了原形……

"进"指的是前进的动力，人们只有不断去学习，永不放弃成长的机会，才能在工作中做到无往而不利；"取"指的是获取，先有"进"后有"取"，古往今来，任何人都得先播种、耕耘，再去谈收获。

那么，如何维持你的进取心？智者给出的答案是：加强自律，永不放弃。历史上有太多人，只因一时的成功就骄傲自满起来，当他们放弃自律的时候，原本强烈的进取心被削弱，原本坚毅的性格逐渐遭到了腐化，原本果断的行动力亦被享乐之欲所取代。

唐玄宗登基之初，勤于政事，励精图治，一举创下唐朝的"开元盛世"。然而，在位后期，唐玄宗怠慢朝政，再无进取之心，为之后的唐朝衰落，甚至唐朝的灭亡埋下了伏笔。

吴王夫差曾大败越国，令越国君臣百姓齐齐拜服于脚下。此后，曾在战场上所向披靡的夫差被心中升腾的欲望蒙蔽了双眼，一味贪迷西施的美色，这成为越国灭吴的导火索。

撇开历史不谈，将目光转向现实生活中，你会发现身边这样的案例更是比比皆是。被一时的顺境与眼前的荣耀迷惑了双眼的普通人，一旦无法做到像以往一样以高度的自律来要求自己，迟早会因丧失进取之心而逐步失去立足之地。

俗话说"谦虚使人进步，骄傲使人落后"，无论你身处何种境遇，都要将谦虚中肯、踏实敬业的精神一以贯之地坚持下去，始终以高标准严要求作为人生行路之准则。如此一来，你对胜利的渴望，对成功的追求只会变得越来越强烈。

拿雷军来说，如果雷军在40岁功成名就之时放弃了自省自律，一边沉溺在以往的荣耀中无法自拔，一边舒服地过着退休生活，那么小米的奇迹还可能会出现吗？

2014年7月，雷军在个人微博上发布了一张小米创始人合照，并风趣配文道："意气风发，像不像大学毕业合影？"只见照片中八个老男人或笑意盈盈，或严肃沉稳，引起了网友热烈的讨论。原来，当初雷军带着几个伙伴创建小米的时候，已年过40岁。而他的"小伙伴"们都是平均年龄超过40岁的"老男人"。

一次采访中，雷军谈起了当初创业的情况。他说，创办小米前，这八个人都已在各自的领域中取得了很多成就，包括他自己。正因他们这群人始终没有松懈脑中自律的琴弦，一直奋力拼搏在小米前进的道路上，才在激烈的商战中活了下来，并越走越远。

像雷军这样无论何时何地都力求将严于律己发挥到极致的人，他的进取之心将永无止境。对普通人来说，更要记住"不满是向上的车轮"，始终对现在心怀不满，永不放弃自律精神，才能保持一颗强烈的进取之心，一路乘风破浪、勇往直前。

唤醒危机感，吹响成长的"集结号"

《狼道》一书中写道："没有危机意识就会面临'杀机'，时刻保持危机意识才能迎来'生机'。"不够自律的人难以在这个竞争已成为常态的社会中生存。

然而，保持自律的前提条件是要时刻保持危机感，让它来促使你上进，推动你成长，以此来不断增加你获胜的筹码。

林玉和同班同学刘芸本科毕业后被同一家跨国企业录用，试用期的三个月里，两人如履薄冰，每一个工作日都过得紧张而匆忙。

试用期结束的前一天晚上，正值公司年会，经理安排林玉和刘芸值班，吩咐道："今晚有一封从美国总部发来的重要邮件，你们要将邮件内容、对方的意见及时向我汇报。"

说着，经理转身离开了。刘芸抱怨道："大家都去参加年会了，只留咱们两个值班，真是欺负人。"林玉笑了笑，没说什么，她坚守在工位上，一边检查起白天做好的项目方案，一边等着总部那边发来邮件。

刘芸百无聊赖地玩着手机，过一会儿，她讨好地凑近林玉，谄笑道："小玉，我男朋友来信息了，希望我陪他去看电影，你一个人守在这里没问题吧？"

林玉皱眉说："眼看就要签合同了，你可别出啥差错。"刘芸满不在乎地说："不用担心，明天就过试用期了，经理不会炒咱们鱿鱼的，别杞人忧天！"

说着，她不顾林玉的阻拦，拎着包悄悄溜出了办公室。她走后没多久，林玉终于收到了那封邮件，只见邮件中写着："Miss林，很高兴地通知你，你已经成为本公司的一员；至于刘芸小姐，麻烦你转告她，刚刚保安已将她离开大楼、擅离职守的行为向我汇报，所以她并未通过试用期。"

　　林玉惊呆了，原来邮件的发出人正是经理，这竟是一场安排好的测验……

　　案例中的林玉哪怕试用期将满，也因内心的危机意识而时刻保持着自律，这是她最终被录取的原因。刘芸辛苦了三个月，只因在最后一刻丧失了危机意识，立即迎来了被淘汰的命运。这正印证了那句很流行的话：没有危机感是人生中最大的危机。

　　在这个竞争越发激烈的社会上，每个人都应提高自己的警觉性，将风险和危险降到最低。正如古人所言："常鸣警钟，行举自醒。"

　　比尔·盖茨的人生中永远存在着一股紧迫的危机感，他说："微软离破产永远只有18个月。"海尔的张瑞敏亦说："每天的心情都是如履薄冰，如临深渊。"

　　百度的李彦宏经常强调："别看我们现在是第一，如果你30天停止工作，这个公司就完了。"而联想的柳传志常提醒员工道："你一打盹，对手的机会就来了。"

　　无论是普通人还是企业家，若能在顺境时永远保持忧患意识，在逆境中勇敢地面对危机，懂得运用这种紧迫感推动自己自律上进，他们就一定能够度过"寒冬"，迎来属于自己的舞台。所谓的居安思危、有备无患，说的正是这个道理。

　　《海贼王》中有一句著名的话："如果你没有危机感，就无法成长。"若身在危机却懵懂不知，乃至不以为然，如何才能获得新生和进步？

　　在事业规划的道路上，你丧失危机意识的那一刻，就已注定了日后被淘汰的结局。想要永立潮头，既要早做准备，筑起一道事业危机防火墙；又要积极行动，用日复一日、年复一年的自省与自律逐步构建起自己的核心竞争力。

　　除此之外，你还要注意以下几点：

　　首先，长期的放纵，会让人沉溺于眼前的安稳中，将危机感一再抛弃。比如说，运动的人若有一阵子不运动，就会享受那种轻松感，难以重拾以往的毅力和信心。想必你也有过这样的感受：刚开始偷懒的时候，内心还会涌出一股内疚感，慢慢地，这种内疚感消失了，我们越是享乐，就越是麻木，对即将到来的危机也变得浑然不觉。

如果有一天，你打破了以往自律的好习惯，记住，你心中涌起的那股内疚感其实是一种警示，如果这时候你不及时止损，以往所有的努力都会前功尽弃。

其次，规划事业版图，建立长期目标。如果你的野心不够，或者对自己的期望太小，你很快就会丧失危机感。而一旦失去前进的动力，你必然会沦为残酷社会法则的牺牲品。

职场规则永远是不贪恋眼前的繁荣假象，不轻易相信上司给你承诺的关于未来的美好蓝图。只因职场如战场，稍一松懈，就有了被替代的可能。你要将目标拉长，将自己的事业版图规划得足够辽阔长远，如此一来，危机意识才会在你的脑海中扎根。

有压力才会有动力，才会有奋斗的强烈欲望，这样的人更容易成功。强烈的危机感会将你锻造成一个坚忍顽强、高度自律的人，鞭策着你去不断吸收外部能量，不断挖掘自我潜能，长此以往，你定会摇身一变，化身为生活的强者。

危机可以说是生存的代名词。大到国家，小到个人，若是缺乏危机意识和自律精神，都会变得萎靡不振。若将人生视为一条漫长的充满危机的道路，你背负重担启程，玩命坚持、日夜兼程至最后，你会发现，这条路的终点其实是安全感。

想领导他人，必先管好自己

曾在事业上获得非凡成就的人都知道，管理的第一步一定是从自身做起。只因自我领导是领导他人的基础。一个连自己都领导不了的人，根本无法获得他人的信任。

所以说，好的领导者都是自律心极强的人。他们极其善于反省自己，而这种反省也让他们看到了自身的诸多不足之处，于是就变得越发自律起来。

联想创立之初，柳传志最看不惯的是员工的迟到行为。他想了很多办法，始终无法杜绝这个问题，这让他苦恼不已。后来，他出台了一项新规定：开会迟到的人一律罚站，无论是谁，哪怕迟到一分钟，主持人也得暂停会议，全体"默哀"一分钟。柳传志严格执行这样的规定，哪怕是自己，但凡迟到绝不姑息。

有一次，联想公司将一个临时会议的地点挪到了一家酒店里，开会前柳传志去了趟洗手间，谁知遇到了中科院的院长。院长热情地向他打着招呼，柳传志不好向对方解释原因。虽想掉头就走，但这种行为实在是不够礼貌。他转念一想，只好硬着头皮和对方寒暄起来。

等他回到会议室时，所有人都停了下来，柳传志干脆道："我迟到了，该罚。"于是他罚自己站了好几分钟，这让大伙肃然起敬。

柳传志说，他开过大大小小的会议，一共只迟到过三次，每一次他都主动接受了惩罚。有他这份自律做表率，联想的员工再也不敢轻易迟到。

职场上，如果你的上司连基本业务都不熟悉，还来对你指手画脚，你一定会感到愤愤不平。同样的道理，如果你想要成为卓越的领导者，乃至于行业的领头羊，必须要严格约束自己的行为，不断增长自身见识和能力，如此才能服众。

人只有先管住自己，才有机会获得事业上的成功。很多人认为自我管理是一件很简单的事情，事实证明，你我身边管不好自己的大有人在。

还有人会习惯性地将责任推给社会大环境，认为社会环境是导致自己堕落、不思进取的元凶。诚然，大环境确实能影响人的思想行为，但为什么面临同样的环境、同样的诱惑，有的人能做到"出淤泥而不染"，有的人却难以把持、轻易倒戈呢？

说到底，问题还是出在你自己身上。如果你的自律能力再强一点，所有困扰过你的难题、阻拦你前进的障碍都会变得不复存在。

学僧元持在无德禅师座下参学。一次晚参时，元持请示道："请师父指示，每次修持、作务外，还有那些必修的课程？"

无德禅师答道："你需要看管好你的两只鹫、两只鹿、两只鹰，同时与一只熊作持续的战斗，看护好一个病人，并约束口中一条虫。"

元持疑惑不解道："弟子来此参学，并未携带鹰鹫等动物，如何看管？何谈战斗？"

无德禅师解释道："两只鹫指的是你的两只眼睛，你要时刻自律，做到非礼勿视；两只鹿指的是你的双脚，你要克制自己别让它走上罪恶的道路，即非礼勿行；两只鹰是你的双手，你要用它辛勤工作，善尽责任，即非礼勿动。"

元持渐渐了悟，无德禅师含笑道："熊指的是你的心，你要极力压制一些非分之想，做到非礼勿想；而病人指的是你的身体，你要用你的自律看护好它；那条虫指的是你的嘴，你应该紧紧约束自己的唇舌，做到非礼勿言……"

上例给予我们的启示是：只有先管理好自己的身体、性情、行为，才能谈管理别人，才能谈你想要的事业。正如南怀瑾所言："伟大就是管理自己，而不是领导别人。当你无法管理自己的时候，便失去了领导别人的资格和能力。"而自律正是管理自己的前提条件。

想要管好自己，就得从此刻起不断增强自律意识，提高自控能力。在追逐事业的旅途中，你要尽量远离负能量，抛弃坏习惯，更要做到精准地把握立场和方向，把握行动上的分寸，把握感情上的原则……以稳定的心神打理财富、规划未来、凝结身边的人际关系。

想要管好自己，一定要秉持凡事三思而后行的原则。在做出任何选择之前，都要仔细衡量利弊，这样就能大大降低决策失误的概率；行动的过程中，仔细审视、观察自己的行为，并及时做出调整；与别人交谈之前，谦虚谨慎，约束自己不要说出伤人的话语。

想要管好自己，一定要善于倾听，敢于承认错误。但凡事业出众的人都是心胸开阔、善于自省的人，只因心胸狭窄、敏感多疑者必会频频受挫，走不了长远的路。你要积极听取他人提出的意见，勇敢承认、不断修正自己的错误道路。

正所谓"其身正，不令而行"，先管好自己，再去想着如何影响别人。而管好自己则意味着长期的自我约束，自我调控。想要将其坚持下去，就得试着将自律转化为自觉，转化为固有的习惯。只有事事身先士卒、以身作则，才能为你赢来领导者的资格。

稳住心，沉住气，不浮躁

事业旅途中，寂寞是你必须修炼的第一课。职场上最忌讳的是稳不下心、沉不住气、抗拒不了浮躁，这样的人不明白成功要一步一步来的道理，一味贪大浮躁，急于求成。

也许你也有过类似的经验，身陷浮躁的沙坑中，想努力却有气无力，只能眼睁睁地看着自己逐步消沉、堕落。自律却能帮助你突破这种困境，只因它能够增强你的心理素质，将你变得韧性十足。

潘华大学期间是学生会的主席，平时成绩又十分优异，堪称老师眼中的宠儿。毕业之际，老师和同学都很看好他，认为他未来一定能开创出色的事业。

然而，让潘华颇受打击的是，他连跑好几场招聘会，都没有找到一份满意的工作。问题出在他的求职目标上，他只是个应届毕业生，却总认为自己能力出众，担当得起基层领导的头衔，但是没有一家公司愿意雇用一个毫无经验的毕业生担任领导者的角色。

潘华连连碰壁，眼见着周围的同学都有了着落，他不免焦躁起来。他赌气之下，决定去报考研究生。复习了几个月后，潘华发现自己心浮气躁根本看不进去书，只好再次放弃了这个想法。这一打岔彻底延误了他寻找工作的时机。

最后，潘华为了摆脱无业的尴尬局面，匆匆去了一家刚成立不久的互联网公司。他每天混着日子，颓丧至极。不到半年，这家公司就倒闭了。这时候距离潘华毕业已有一年的时间，他这个天之骄子成了班里混得最差的学生……

现实生活中，很多人求学时不愿意静下心来读书，创作时不愿沉下心来写作，求职时这山望着那山高……他们浮躁不堪，永远缺乏努力做事的自律精神。

古人云"心浮则气必躁，气躁则神难凝"，一个心浮气躁的人如何才能凝聚定力，聚精会神于事业的发展？自律精神的坍塌，导致梦想只能成为海市蜃楼，而立业之志、谋事之心也随之化为灰烬。

在激流勇进的人生中，你愿意做张牙舞爪的浪花，被浮石一撞就碎，还是深潜海底的风暴，默默蓄力，静静等待着一鸣惊人的崛起？在追寻事业的道路上，你愿意做夸夸其谈毫无实力的"卒子"，还是安静低调、严于律己的幕后控局人？

答案不言而喻。无论目前的你身处怎样的环境，面临怎样的遭遇，都不能失去自律。就算目前的状态不如预期，也要拼命沉住气，戒骄戒躁，稳扎稳打。

正如萧伯纳所言："自我控制是最强者的本能。"唯有自律，才能让你变得冷静、理性、强大起来。自律者的脚踏实地，足以撑起一片璀璨的天空。

美国曾一度兴起石油开采热，这期间，一个胸怀壮志的年轻人离开家乡，来到陌生城市，他梦想着能闯出一片天地。可惜年轻人学历一般，兜兜转转之下，他只找到了一份很普通的工作：在一家石油公司担当库管。

年轻人却很开心。哪怕身边的同事都在抱怨、偷懒，他却立志要做好分内的工作。每天，他早早来到生产车库，将装着石油的罐子通过传送带送达旋转台，然后监视着旋转台上方的焊接剂自动滴落完毕，仔细检查一遍后，再将罐子封好运到仓库。

他一遍又一遍地重复着这些流程，偶尔，心中也会闪过一些迷茫浮躁的念头。每到这时候，他就会责骂自己："你连这么简单的事情都做不好，还想做成什么事？"

就在这枯燥的工作中，年轻人发现，罐子每旋转一次，就会有39滴焊接剂自动滴落。他想："如果焊接剂能够减少一两滴，一天下来，能节省一大笔资金呢。"

经过反复的思考、实验，年轻人相继研制出"37滴型焊接机"和"38滴型焊接机"。不久后，总部传来命令，年轻人竟被破格提拔为公司高管……

这个年轻人就是日后的石油大亨洛克菲勒。哪怕他身处逆境之中，也从未放弃过希望，反而极力约束自己的行为，耐心劝服自己做好眼前这份看似简单枯燥的工作。这种常人难以企及的自律，是他成功的主要原因。

拒绝浮躁，首先不能贪图"快钱"。自律的人向来恪守底线与原则，不会被所谓的"快钱"所迷惑。而目光短浅的人却总是因为这一时之快而付出无限苦果。

拒绝浮躁，就一定要找准位置，安下心来做好本职工作。有的人频频跳槽，梦想着能越跳越好，可惜跳到哪儿都得从头开始。

殊不知工作如同掘井，瞄准目标深入定点，才能有所收获。你只积累了两三年经验，便毫不理性地一跳再跳，实际上是在浪掷你的时间资本。而越来越浮躁的你，只会将原本属于自己的未来推得越来越远。你要深信：只有静得下心，沉得住气，才能将事业做大。

拒绝浮躁，就不能被别人的成功晃花眼，更不能被别人的堕落所拖累。意志不坚定的人很容易受到身边的人的影响，别人的成功让他们心焦难耐，别人的堕落又会麻痹他们的上进心。他们的心就在这种煎熬中变得摇摆不定，脚步亦变得虚浮起来。

唯有日复一日地重复着那些自律的好习惯，始终坚持于脚下的路，才能迎来非凡的人生。

大胆前进，不要自我设限

生活中常常能遇见很多喜欢或者习惯于自我设限的人。"我不行""我学不会""我改变不了"是他们的口头禅。如果你仔细观察过这一类人的性格特色、思维模式及生活习性，会发现他们的某些共通点：脆弱、惧怕困难。

简而言之，他们不是学不会，而是不愿意学；他们不是改变不了，而是没有足够的毅力去支撑他们改变自己的生活。

宁筱在一次聚会中遇到了同龄女孩胡静，两人相谈甚欢。聊着聊着，她们谈起了蒸鱼的技巧。胡静惋惜道："我很喜欢吃鱼，可惜我真心不会做。"

宁筱笑道："你可以学啊，红烧或者清蒸，步骤都很简单。"她分享起了自己做鱼的技巧，刚说到一半，胡静打断她说："我们那儿的人都不会做鱼，我看我是学不会了。"

宁筱笑了笑，将话题转移到了别的地方。胡静又谈起了旅行，美慕地说："我之前认识了一个女孩，她一个人游遍了大半个国家，我却只去过几个城市……"宁筱鼓励道："你要是也喜欢旅行，明天就可以出发啊，你不是刚好休年假吗？"

胡静摆摆手："我哪行啊，我没有照顾自己的能力。"后来，她们又聊到了创业。胡静说道："我有一个学妹自己开了一家淘宝店，小小年纪就实现财务自由了，真美慕她……"

宁筱还没来得及说什么，胡静又自我总结道："唉，看来我这辈子是没多大出息了……"

宁筱在心里吐槽道："这个人老说自己这也不行，那也不行，我看她最缺的不是能力，而是懒惰的克星——自律与勇气。"

孔子的一个学生曾对他表达了自己想要退学的想法，理由是自己能力有限，达不到老师的要求。孔子生气道："半路掉队的人才叫能力有限，你还没有掉队，怎说自己不行？"

人生中最怕的不是你没有能力，而是不够自律去约束自己的行为、没有勇气去大胆向前拼搏，最后却把一切都归结为自己能力不行、天分有限。很多人习惯从语言到思维上进行自我限制和自我暗示，如此一来，他们人生的可能性果真越来越小，世界也变得越来越狭窄。

然而，自我设限本质上等同于画地为牢、圈地自毁。试问，为什么成功都属于别人，而你却始终庸庸碌碌，一事无成呢？

心理学家卡罗·德威克的TED演讲主题是"'还没'的力量"，他说，如果你现在做得不好，不是因为你不够聪明，而是因为你"还没"找到解决问题的方法。这种思维方式对我们的人生裨益良多。你不是到达不了成功的彼岸，只是不够努力，只是不够自信。

你一事无成的原因不在于你不够聪明，而在于你没有足够的勤奋和毅力去支撑起你的野心；也不在于你没有机遇，而在于你早已习惯于打击自己、否定自己，频频给自己设限。

纵观那些身处高位的人，他们的成功有两点共性：一是自律而克制；二是勇于突破、挑战自我。而这两点正是解决问题的关键。

马云曾是一名普通的英语老师，如果当初的他少了一点自信和勇气，那么现在的他很有可能还站在那三尺讲台之上，日复一日地过着平凡的生活。在开拓事业的旅途中，正因他一路严于律己，始终坚守原则、勤奋努力，才有了如今的阿里巴巴帝国。

罗振宇曾是央视的主持人，如果当初的他将自己的人生框定起来，怎能收获创业的满足和喜悦？他做过视频节目、社群、微信号，也做过电商，在商海中沉沉浮浮的他，不靠着自律来坚守自我，根本无法见到胜利的曙光。

郑璇高中的时候痴迷于化学，身边的人却劝她说："这么拼干吗？女孩肯定是学不好化学的。"郑璇很不服气，随着她在化学上花费的时间增多，她的化学成绩越来越好。

高中毕业的时候，郑璇因为发挥失常，只考取了一所普通二本学校。上了大学后，她反而比以前更加自律、勤奋。宿舍里的女孩却满不在乎地道："考到咱们学校的都是智商有限的，反正我们再怎么拼也拼不过那些211、985学校的毕业生，不如放轻松一点。"

郑璇却对此表示怀疑，她在心里为自己加油打气道："人生的路长着呢，一切胜负未定！"大学四年间，她始终保持着旺盛的求知欲和上进心，最终以优秀学生的身份毕业。

那段时间，她跑了一场又一场的招聘会，破天荒地收到了一家著名公司的录用信。正式上班后，她将那股自律、自信的劲头带到了工作中，无一天懈怠。到了第三年，郑璇已经成为公司里最年轻的经理。

人生虽然有限，其中却隐藏着无限的可能性。一味自我设限的人，得不到生命更多的回馈。想要改写命运，就得坚守那颗自律之心，大胆前进，勇于挑战那所谓的既定标准和条条框框，勇敢拥抱梦想中的成功。

第九章

在情感的世界里，唯自律者得自由

如何拒绝那些让你欲罢不能的暧昧

　　浪漫关系中，存在着一种不确定的状态，那就是暧昧。退一步，我们是朋友；进一步，又几乎等同于爱情。如果是你，你会继续前进还是保持距离？

　　有人说，暧昧是一种会让人上瘾的毒药。但矜持、自律的人却难以忍受这样不确定的情感，他们绝不会允许自己陷入一段晦涩不明的暧昧关系中。

　　有一次，办公室的刘大姐给于然介绍了个小伙子，名为夏杰。于然本想拒绝，又怕辜负刘大姐的一片好心，就同意添加小伙子的微信号。

　　午休期间，夏杰主动给于然发了一条消息，她便和对方聊了几句。聊着聊着，于然直觉这个男孩并不是自己喜欢的类型，便委婉地拒绝了。夏杰有点失落，但仍对于然发出做朋友的请求。

　　于然勉强同意，从那以后，夏杰每天都会寻找话题跟她聊天，不断地嘘寒问暖，口气也越来越亲昵。有一天，他甚至来到于然的公司，以朋友的名义接她下班。

　　面对同事们促狭的玩笑，于然觉得很不舒服。她趁着这个机会，当面对夏杰道："我们就算是朋友，彼此间却并不熟悉，你我还是保持距离比较好。"

　　回家后，于然果断删除了夏杰的微信。

　　男女双方对彼此的感觉并不确定，也难以确定是否进入一段亲密关系的状态，称之为暧昧。生活中，这种不清不楚的亲密异性关系会慢慢演变成一种陷阱，就看你是否拥有足够的自律去抵抗这诱惑，逃脱这考验。

　　你是否遇过这样的人？他们打着朋友的名义对你嘘寒问暖、关切至极，试图将原本单纯的友谊拖入暧昧的浑水中；或者对你甜言蜜语、亲密无比，却从未流露出表白的意图，让你永远也搞不清楚对方真实的情感。

这种异性朋友骨子里是个对感情极度不自律的人。他们有些是所谓的"中央空调"式的老好人，对谁都是笑眯眯的样子，关怀备至；剩下的人都是搞暧昧的高手，既缺乏对自我感情的认知，又没有足够的自律去约束自己的行为。

后者享受于"友情以上，恋人未满"的感觉，他们越是将爱情看得随性至极，越是难以得到真爱。你要相信，他们的暧昧对象绝不止你一个。

恋爱经验为零的林语上大一的时候对同班男生王智生起了好感。那段时间，只要对方对她微笑一下，她的心情就会莫名好起来。

王智对她也很亲密，晚上临睡前都会主动找她聊天，有时候早上还会帮她带早饭。每逢周末，他们经常相约去图书馆一起看书，一起逛街。每当林语想起这些细节，心里就会涌起一股甜蜜。

王智生日那一天，林语用省下的生活费买了一个小礼物，想将它送给王智。那天傍晚，她等在男生宿舍楼底下，远远地看见了一个熟悉的身影。林语定睛一看，发现是王智，他身边紧紧挨着一个女孩，两人脸上荡漾着甜蜜的微笑。

林语的泪水夺眶而出，她拉住王智质问道："你到底把我当什么？"王智却诧异道："我一直把你当妹妹啊！"林语冷笑，指着王智身边的女孩道："那她呢，你也把她当妹妹吗？"

暧昧有什么表现？对方会不定时地找你聊天，有空的时候会约你出去玩耍、逛街，过生日的时候会送你礼物或鲜花。他们与你嬉闹玩笑，总是口气亲昵却态度模糊。

每当你想要将彼此间的关系挑明的时候，他们要不巧妙地转移话题，要不装无辜。一般来说，沉迷于暧昧关系中无法自拔的人通常不愿意担负责任。

你要相信，真正喜欢你的人根本不会跟你暧昧。如果对方单纯只是享受这种剪不断理还乱的感觉，那么，他给予你的温暖是廉价的。

拒绝暧昧，应从自己做起。一堵没有"弱点"的墙永远也透不进来风。只要你自己足够自律、足够理性，就不会给对方可乘之机。

首先，一旦你意识到了对方的意图，就要第一时间挑明自己的态度。严肃地告诉他：你不需要这种暧昧关系来为自己的人生增添光彩，你渴望的是一份单纯坦荡的感情。

如果对方不听劝告，一再纠缠，你要坚决切断联系，断了他所有念想。如果对方在生活里扮演着"低头不见抬头见"的角色，在日常交往中，你大可表现出你对这种暧昧行为的反感和厌恶，让他们知难而退。

或者直接无视对方的存在。当对方的暧昧举动收不到回馈的时候，久而久之，他们自己也会觉得无聊，因此而放弃对你的骚扰。

其次，摆正心态，树立自己的威严，尤其是女孩。生活中我们总能遇到一些"特殊"的女生，尽管她们长相漂亮、气质高雅，男人们却从不会对她们产生任何非分之想。

原因在于这样的女生向来懂得如何在异性面前树立自己的威严。她们从不做出轻浮之举，习惯于保持着一个理性、高冷的形象，不会将真实的自己坦露于不怀好意的异性面前。

比起生活习惯上的自律，更厉害的是能在情感上保持自律的人。他们能轻易地从一段暧昧关系中脱身而出，始终保持着自己的修养。当暧昧高手们自诩早已看穿爱情的时候，情感自律的人面对爱情，反而怀有一颗赤诚之心。

感情里要做到自爱，就必须经得住诱惑

只有自爱的人才能做到真正的自律，感情里也是如此。生活里有太多对夫妻、情侣只因难以抵抗外界的诱惑，逐渐走上了分道扬镳的结局。殊不知感情重在维护与经营，只有挡得住寂寞与诱惑，才能呵护爱情直到白头。

亦舒的著作《喜宝》很多人都看过，主人公喜宝因为做了诱惑的俘虏，最终失去了真爱。感情里，只因她不够自律自爱，才将一切推向无可挽回的余地。

喜宝原本是剑桥法学高才生，谁知她竟然遭受到了男友的背叛，后来又失去了半工半读的机会，因而被迫回到香港。机缘巧合之下，她结识了富商勖存姿。对方被她的才智、谈吐以及美貌所征服，于是对她展开了热烈的追求。

喜宝拒绝不了这诱惑，最终沦为勖存姿的情妇。一开始，她沉迷于这段畸形关系中，渐渐地，她内心变得空虚迷茫起来。后来，喜宝与充满活力的大学助教Dennis阮相爱，这件事情被勖存姿知道后，两人也面临着被拆散的结局。至此，喜宝顿悟一切，悔不当初……

这是个物欲横流的世界。有人说，作为男人要经得起诱惑，作为女人要耐得住寂寞。只因爱情需要自律作为保障。有些原则和底线不能触碰，更不能跨越，否则只能收获苦果。

聪明的你，一定要用强大的自律来约束自己，坚决拒绝以下这几种诱惑：

首先，面对突如其来的"献殷勤"，小心审视，冷面拒绝。很多女孩在成长的过程中都会面临男生们无端献殷勤的情况，这时候意志不那么坚定的女孩可能会借

机占取便宜，利用这些男生们的热心收取某些便利与好处。

然而，自尊自爱的女孩却能始终保持坚定的立场，她们清楚男生们无事献殷勤的背后抱有怎样的目的。理智告诉她们，自己的事自己处理，而不要将希望寄托在别人身上。

其次，不受甜言蜜语、娇嗔示好的诱惑。对于一些耳根较软的女性来说，甜言蜜语有着致命的吸引力。这诱惑往往会让你做出错误的选择，让你付出泪水的代价。

杨凌遇到陈翰的时候正值青春年少。陈翰高高大大，一张嘴十分会哄人，经常能将杨凌逗得破涕为笑。陈翰仿佛有着说不完的情话，他总能在恰当的时候说出让杨凌感动不已的话。于是，杨凌很快陷入热恋中，不顾父母的反对执意要嫁给陈翰。

谁知道婚后，陈翰像变了个人似的。他越来越吝啬于自己的甜言蜜语，而他与杨凌的交流也仅限于吵架。这时候杨凌才发现，陈翰骨子里是一个极其自私的人，与他相处简直是一种折磨。没过几年，杨凌宁愿净身出户也要与陈翰离婚。

对于另一些意志力不够坚定的男性来说，他们天生抵抗不了女孩的撒娇示好。不够自律，就容易受到这种甜蜜假象的误导，让自己的生活迷失在正常的轨道上。

周雷的小组里来了个新的实习生，那是个活泼开朗的女孩。女孩比较粗心，工作态度又不够端正，逐渐就成了其他成员的拖累。每当周雷想要批评她的时候，女孩一撒娇，他顿时心软起来，将批评的话忘得一干二净。

见周雷总是包庇这个女孩，其他同事们愤愤不平起来。他们背地里说的闲话越来越难听，甚至传入了主任的耳中。最后，主任因为"办公室恋情违反公司制度"这一理由撤了周雷主管的职位。这闲话甚至传到了周雷女朋友的耳中，女友大怒，便和他提分手……

感情世界中的诱惑无处不在，若没有一颗强大的内心去抵抗，它最终会对你造成伤害。所以说，任何时候都要保持自律，始终坚守原则和底线，这是十分必要的。

当你有了属于自己的爱情后，首先要对身边的异性朋友保持距离。你向前进一步，诱惑必会纷至沓来。你始终站在警戒线之外，无视诱惑的存在，才是自尊自爱的表现。记住，感情里的安全感是互相给予的。你要求对方忠诚，得率先做到自律。

另外，想要拒绝诱惑，先得让自己的精神世界变得丰富多彩起来。内心贫瘠、苍白的人基本上经不起诱惑，他们极易在灯红酒绿的世界中迷失自我。而内心富足的人举手投足间都透着稳重，他们从不缺乏自尊自爱的意识，更不会放任自己从诱惑中获取精神满足。

尤其需要注意的是，感情里你一定要保持自己的个性和原则。一个软弱的、毫无主见的人会被诱惑牵着鼻子走。无论何时何地，与何人在一起，都要保持着自我鲜明的性格特色，在沉浮世事中修炼自我判断能力。始终严谨、自律，你才能变得越来越强大。

爱不只是在一起，更是忠诚

"喜欢才会放肆，而爱却是克制。"爱，反而是一种自律。然而，生活中的大部分人并不清楚爱情是怎么一回事，他们无法克制自己的冲动，频频坠入第三者编织的情网中，将家中的伴侣忘得一干二净。

殊不知成熟的爱情远远不止爱恋与依赖，更包括担当与责任。一个怀有强烈责任心的人，必然是一个感情自律的人。在他们的人生字典里，"出轨"是一件决不能被原谅的事情。

漫长的旅途中，余韵遇到了一对中年夫妇，并与他们聊得十分投缘。让她感慨尤深的是，对面的丈夫始终握着身旁妻子的手，眼神饱含深情。

一路上，丈夫对妻子体贴有加，照顾得无微不至，让余韵十分感动。从他们的话语中，她逐渐拼凑起了两人的感情经历。

原来男人是一家公司的老总，纵使事业繁忙，他每年都会抽出时间带着妻子去旅行。妻子不喜欢搭乘飞机，他便带着她坐火车、坐轮船，游遍了山山水水。

男人风度翩翩、气度非凡，旅途中不时有年轻女子趁他妻子不注意的时候向他搭讪示好，他却一律拒绝。此时，他对余韵解释道："感情中最重要的是忠诚，这是男人的担当。"

人是感情动物，与异性走得太近，不知什么时候就会滋生一些不必要的感情。而自律的人只会将亲密与依恋留给身边的伴侣，自尊自爱、洁身自好是他们最真实的写照。

这样的人稀少而难得。根据调查显示，八成以上的中国夫妻，情感关系走至终点的原因在于第三者的介入。

他们中，有的是被伤害，剩下的却是始作俑者。对于后者而言，几乎有50%的人表达出了强烈的后悔，他们坦言自己虽然无法承受出轨的后果，却又抵抗不了这种刺激感。

正如一位作家所言："现在大多数的出轨，不是出轨，是出轨癖，是一种病症心理。"那么，面对出轨成癖的自己，抑或是伴侣，你应当如何处理？

在婚姻中，或是长期的情侣关系中，总会遇到这样的问题：激情过后，这段关系将逐渐归于油米柴盐酱醋茶的平淡境地。不够自律的人总是一边抱怨生活的无趣，一边幻想着新的激情。他们难以把持立场，轻易便陷入新的情网中。

而当人们从出轨行为中一再获得强烈的愉悦感，达到条件反射的程度后，他的心里慢慢就形成了某种情结和习惯。这就是出轨成癖的原因。

如果你是始作俑者，自救的唯一办法是不断地自律、自省，不只要充分意识到自己的错误，更要用积极的行动去纠正这些错误，坚决断绝畸形的两性关系。

有的人纵使感情上有了污点，却从不主动去反省自己，反而找出种种借口来避重就轻地美化、掩盖自己的行为。殊不知，不懂得自省就一定会吃苦头。越是玩弄感情的人，越会被感情所玩弄。而越是保持自律，才能越早地体会到爱的真谛。

如果频频出轨的人是伴侣，你要明白，一个滥情、不知自律为何物的人并不值得你托付终身，只因你们的关系迟早会变成空中楼阁，随着外界的风吹草动而坍塌。

糟糕的伴侣会让你身陷惶恐不安的情绪中，你永远也看不到梦想中的未来。而坐怀不乱的爱人却可以用情感上的自律抚平你所有的不安与猜忌，他们给出的承诺才值得信任。

王紫萱见过了男朋友赵亮的父母后，原本打算尽快结婚，这段时间以来，她却犹豫了。原来上次见面的时候，紫萱不小心看到了男友手机上别人发给他的暧昧短信。

她当场就生气了，拿着手机问男友对方是谁。赵亮却不痛不痒地解释说，这不过是同事之间的玩笑。紫萱将信将疑，她按捺下怒气并没有深究下去。

谁知那个周末，她在和闺密逛街的时候，竟在街上撞见了男友。只见他搂着另一个女孩，大摇大摆地从她们面前经过。紫萱还没反应过来，闺密赶紧跑上前拦住了他们。

面对紫萱歇斯底里的质问，赵亮却辩解说女孩只是普通朋友而已。当天晚上，赵亮找出一大堆借口来搪塞紫萱，始终不肯承认自己有了第三者。

见赵亮毫无反省的样子，紫萱失望至极。她决定不再相信赵亮的承诺，果断地选择与他分手，谈好的婚事就此作罢。

"自律是自尊的根本，自尊是自由的保障，这一切源于自省。"出轨成癖还不懂得自省的人如何值得信任？你放心将一生的幸福交到这样的人手中吗？

感情上的自律是一种难得的美德，更是捍卫爱情的武器。这样的伴侣会让对方感受到山一般的依靠，水一般的柔情，而彼此间的自律与忠诚会让你们的爱情越发牢靠、坚实。

选择相同价值观的伴侣携手走一生

什么才是维系婚姻的纽带？有人说是孩子，有人说是经济基础，这些答案都是片面的。只有精神上的共同成长，才能让两个人的婚姻变得越发稳定、牢靠。

基于这一点，我们在选择伴侣的时候一定要考虑到对方是否与自己有着相同的价值取向，彼此间是否都向往一段自律的感情。相同的价值观是并肩行走、与子偕老的前提与基础，而自律的感情生活则代表着心灵的默契，往往会让彼此间感受到更深层次的爱意。

多年以前，杨绛在清华大学古月堂的门口与钱钟书相识，后者在当时是清名远扬的清华才子。两人一见如故，相谈甚欢。钱钟书心仪于杨绛，又怕引起她的误会，连忙急匆匆地解释道："外界流言纷纷，说我已经订婚，这不是事实，请你不要相信。"

杨绛对钱钟书也很有好感，此时更严肃阐明道："坊间传闻追求我的男孩子有孔门弟子'七十二人'之多，也有人说费孝通是我的男朋友，这也不是事实。"

话音刚落，两人相视一笑。杨绛和钱钟书结为夫妻后，相携相伴琴瑟和鸣。杨绛从小就迷恋读书，是有名的才女，丈夫钱钟书更被喻为"文化昆仑"。两人有着相同的幽默和才情。他们遨游在书海之中，纵使生活百般不如意，也能笑对岁月与人生。

人们总说，杨绛和钱钟书之间才是势均力敌的爱情。他们之所以能够风雨与共、相携一生，是因为他们从一开始就有着相同的价值观。

除此之外，历史上的林徽因和梁思成夫妇，朱生豪与宋清如夫妇，都是心心相印、志同道合的完美爱情的楷模。而这样的恋情、婚姻才值得人羡慕。

大千世界，芸芸众生，太多人等不到真正默契的灵魂伴侣的到来，便匆匆地与错误的人走入婚姻，蹉跎到最后才发现所托非人。

主要原因在于：你在感情上实在是不够自律、不够坚定。"外貌协会"的人会被美丽的相貌、出众的身段所迷惑，因此而坠入爱河中。吃尽了苦头才发现，脸岂能代表一切。

迷恋权势的人会被对方的社会地位所吸引，为了依靠强者"上位"，轻易便浪掷了一生的幸福。他们将感情当作筹码，将婚姻视为一场交易，却往往只能获得悲惨的结局。

有的人结婚是为了满足自己的炫耀心理，盼着以朋友圈里绚丽的九宫格照片来彰显自己。殊不知现代人往往是越缺什么越爱晒什么。幸不幸福，根本不需要别人来见证。

你对待爱情不够珍重，不够自律，岂能奢望爱情给予你过多的回报？依据外貌、金钱、社会地位等种种原因来选择伴侣，就只能收获一段段肤浅而又脆弱的感情。

某位心理学家曾说："在恋爱与婚姻里，你不断地寻找对方，其实也是在寻找你自己。你的价值取向和思想体系，能在恋爱与婚姻的过程中得到无限的凸显与延伸。"

记住，外在的条件都不是必要的，拥有它们是锦上添花的事，有时候它们却又会变成感情延续的障碍。而只有相同的价值观才是维系一段关系的最关键的因素。

梁鸿是东汉的太学生，他志向远大、内心高洁，是当时有名的青年才俊。梁鸿自太学学成归乡后，当地很多人倾慕他的才学，想将女儿嫁给他。说媒的人踏破了门槛，他却选择了相貌丑陋的孟光。

孟光面对梁鸿，内心总有点自卑。一开始，她尽力打扮自己，希望可以让梁鸿满意。谁知丈夫始终沉默以对。在孟光的追问下，梁鸿坦然道，他要找的是一个能着粗衣布衫，安贫乐道，始终支持自己高洁理想的妻子，而不是一个只关注自己容颜的人。

孟光很是欣喜，她之前的行为亦是试探之举。她马上换回准备好的葛麻衣服，与梁鸿一起安享于田园风光之中，耕读自适，弹琴自娱。

后朝廷征召梁鸿为官，夫妻二人不愿过纷繁复杂的官场生活，反而躲到南方。纵使生活简朴，他们的感情却始终和谐美满。

这便是举案齐眉的故事的由来。相同的价值观意味着相同的兴趣爱好、志向理想，正因双方的精神世界无比契合，才能共同构筑出一个圆满、美丽的未来。

隐忍是和睦家庭的箴言

温馨、稳定的家庭环境能带来内心的幸福与安宁，而飘摇、恶劣的家庭氛围却会对个人的前途、运势产生极大的影响。一代文学大师季羡林曾总结道："相互恩爱，相互诚恳，相互理解，相互容忍，出以真情，不杂私心，家庭和睦，其乐无垠。"

家庭和睦的箴言靠着两个字——隐忍。两个人组成家庭，便是创造出了一个油盐酱醋、锅碗瓢盆的新世界。你有你的喜好，我有我的习惯，如果任由自己的性子不加节制地乱发脾气，再牢固的感情也会随着时间烟消云散。

曹燕和李佳外表登对，家世相当，在外人看来，是再合适不过的一对夫妻。然而，两人却没熬过七年之痒，最终以离婚收场。

原来问题出在彼此的性格上。曹燕个性坦率干脆，一向快人快语，而李佳却性情暴躁，像个炸药桶子一点就燃。他们经常为一点小事闹得不可开交。

某一年新年前几日，曹燕和李佳为去哪家过年吵了起来。双方都坚持要去自己家过，互不相让，闹到最后两人大打一架，干脆收拾行李各回各家。

整个新年期间，曹燕的父母不停地劝说着自己的女儿："家庭最重要的是和睦，不能一味要求对方迁就自己……"李佳的父母也教训儿子道："男人要有责任心，这么大人了还不懂得自律自省，只知道乱发脾气算什么好汉？"

可惜的是，曹燕和李佳都没将父母的话听到耳里，最终让原本温馨的小家庭一拍两散……

季羡林与妻子彭德华恩爱一生，不知羡煞多少人。他将家庭中的矛盾比喻成锅碗瓢盆的碰撞，说无论是夫妻关系、亲子关系还是血缘关系，都难以保证温馨的氛围不会被突如其来的意外所打断。但是自律的人却一直将"隐忍"二字刻印在心里。

一个不懂隐忍的人，分分钟都能为一点芝麻绿豆大的小事闹起来。恨不得闹得鸡飞狗跳、不可开交。有理不让人，无理也要搅三分。他们如此理直气壮，不是因为他们受了多大委屈，只是因为他们从骨子里就不够自律自省、不够涵养而已。

有的人在陌生人面前有礼有节，温柔而又体贴，面对亲人、爱人却颐指气使，从不重视他们的感受。

在外人眼里，他们自尊自律，很容易让人心生好感。然而，这份自律其实是装模作样的虚假行为。他们为了面子、为了外人的评论才会严格约束自己的言行。真正的自律意味着什么？它意味着你无论身处何时何地，哪怕现场无人监督的情况下，都能够主动遵守一套既定规则。

一旦面前的对象从外人换成了亲人、爱人就原形毕露的你，何以谈自律？面对最亲近的人更要学会克制、隐忍与迁就，时刻铭记"退一步海阔天空"的道理。

俗话说"花无百日红，人无百日好"，夫妻也是一样，时时都会产生矛盾与分歧。而隐忍却会成为家庭的润滑剂。关键时刻能忍，才不会将事态推向糟糕的方向。

对方若是导火线，你就得自觉充当起灭火器的角色，及时灭火。而不是放纵自己的脾气与对方蛮吵蛮干，否则，只能迎来一个玉石俱焚、两败俱伤的结局。

李康和尹柔是一对人人称羡的夫妻，两人结婚多年来一直和气美满，从没红过脸。一次聚会上，身边的朋友追问二人婚姻保鲜的秘诀，李康笑道："无非靠忍。"

朋友不以为然道："这是老生常谈了，真的有用吗？"尹柔说："道理不是用来听的，而是用来实践的。你信不信，我现在能说出十条李康的缺点。"

朋友来了兴趣，连连催问。尹柔侃侃而谈道："第一，他总是不洗脚就上床睡觉；第二，他贪杯，且酒品极差；第三，他袜子乱扔，又不爱刷牙……"

朋友惊讶道："那你怎么受得了，你可是有洁癖的！"尹柔摇摇头，刚想说什么，李康打断了她的话，笑道："我也可以立马说出我妻子的十条缺点，比如说，她太唠叨了，又是个不折不扣的购物狂……"

朋友好奇道："你们对互相的缺点如数家珍，怎么还能容忍对方这么多年？"

李康严肃起来："这些都不是原则性的大问题，互相迁就包容一切就迎刃而解，非得因为这些问题闹到妻离子散的地步？"

《圣经》上说"爱是恒久忍耐"，这句话的意思不是在教你做一个受气包，去无底线地忍耐，而是在强调：家庭里，学会克制自己的情绪、脾气，学会自律和担当，是对你所爱的人，对这份感情最大的尊重。

夫妻之间需要更多的隐忍和包容，遇事多替对方着想，彼此间坦诚以待、将心比心、严己宽人、克制忍耐，如此才能铸就幸福家庭。

别做了全职太太迷失了自己

现实生活中，很多职场女孩都很羡慕"全职太太"的生活。的确，相比上班早起挤地铁，下班回家吃外卖和泡面；白天面对同事们的钩心斗角，晚上赶方案到深夜的日子，全职太太仿佛是这个世界上最轻松的工作。

全职太太真的有那么好当吗？当然不是。真正的全职太太一定是一群隐忍度高，责任感强，极其自律的女子。她们一边相夫教子，将家庭生活打理得井井有条；一边设法学习新技能，不断丰富、充盈着自我的精神世界，永远也不会放松自我管理。

若是当了全职太太，就放弃了自律，迟早会与世界脱节，被社会所淘汰。风靡一时的国产剧《我的前半生》中的主人公罗子君的经历正证明了这一点。

罗子君与陈俊生结婚后便做起了全职太太，丈夫在外奔波打拼，用一己之力撑起了整个家庭，而罗子君则待在自己的"一亩三分田"里，享受着宁静的生活。

陈俊生在职场上努力拼搏，一直坚持着提高自我工作技能，寻求新的机遇。而妻子罗子君却变得越来越松懈，购物成了她唯一感兴趣的事情。

她可以毫不犹豫地花八万元买一双鞋，却懒得用心去提升自己的穿衣品位；她只顾关注自己日渐松弛的皮肤，却不愿花点时间来倾听丈夫的心声……

当陈俊生赫然发现，曾经那个魅力十足、进取心极强的女孩变成了如今懒散怠慢、骄纵任性的妇人的时候，他的心动摇了。小三趁机介入，他们的婚姻瞬间便分崩离析。

陈俊生的变心固然可恶，但若将婚姻失败的所有责任都推到他身上也是不对的。可以说，罗子君本人的不思进取、得过且过，早已注定了这结局。

罗子君的经历告诉我们：你可以做全职太太，但先得放弃过安逸日子的念头。经营婚姻首要靠的是自律。你一味贪图享乐，沉溺于安逸，你的婚姻生活迟早会亮起红灯。

社会更新换代的速度实在是太快，新鲜的事物与观念层出不穷，作为长年居家的全职太太，因为丧失了和外界接触的机会，反而要比职场中人更加努力才能跟上节奏。

然而，很多女孩在成为全职太太后，将一腔抱负寄托于吃喝玩乐中，在毫无意义的肥皂剧中耗尽了青春。记住，你若不够自律，只会让以前学习、积累下来的知识、技能慢慢淡忘、退化，体现自我价值的机会也变得越来越少。

另一些人整日都在为家人的一日三餐、孩子的学业问题所操心，耐心逐渐被无穷无尽的家务操磨得一干二净。不修边幅久了，她们慢慢变成了丈夫眼中的"黄脸婆"。

与之形成鲜明对比的，是那些活得精致的女人，纵使身为全职太太，被无尽的琐事包围，也始终能够保持自律。她们真正做到了从容颜到生活，都一丝不苟井井有条。

同学聚会上，梦涵和彤萱一先一后地出现，都引起了一阵轰动。原来她们大学时都被评为校花，是所有男生的梦中女神。如今五六年过去了，只见原本娇俏可人的梦涵变得体态臃肿，皮肤粗糙，与过去相比判若两人。

而让人惊讶的是，彤萱相比过去，却显得更有魅力。她妆容精致，身材曼妙，举手投足之间尽显一股优雅风情。面对好友的追问，梦涵懊悔道，自己毕业后就与初恋男友结婚，自以为找到了安全的港湾，所以再不如以前那般精心打扮自己。

生了孩子后，她的饮食习惯变得越来越差。常常躺在沙发上一边吃零食一边看剧，身材逐渐走形。而彤萱却坦言，自己也于三年前辞职做了全职太太，但是却从不敢怠慢。

彤萱每天早起为丈夫孩子做营养早餐，将家里收拾一新后便去健身房跑步练瑜

204

伽。她经常一边看书一边敷面膜，皮肤变得越来越好。

除此之外，彤萱还积极去学习花艺、茶道及烹饪技术，如今她兼职开了一家私人烘焙坊，凭着这份收入也足以养活自己……

纵观我们周围，你会发现，无论是能力不俗的职场人士还是美丽优雅的全职太太，自律是他们始终保持优秀的关键原因。当然，后者则需要付出更多毅力。

恰恰是看似自由的全职太太，需要更强的自律能力。作为全职太太，你活得越轻松，离梦想中的美好生活越远；你越是自尊自律，往后的日子便越是精致高级，有序而又轻盈。

自律的你，首先要做到每天都要固定地去为大脑"充电"。俗话说"活到老，学到老"，不能因为你是全职太太就忘了这句话。固定的学习计划能让你的大脑始终处于高速运转中，让你变得更理性、聪慧，而又决断力十足。这样的你将始终富有竞争力。

其次，你一定要有人生规划。任何时候你都要保持独立自主，不能因为正处于一段婚姻关系中就依附于对方，失去了自我。要知道，毫无规划的女人，只能随波逐流于现实世界。想要掌控人生，想要将家庭幸福牢牢握在手中，首先要懂得为自己、为家庭谋划未来。

另外，为了跟上另一半的脚步，你得一边多多关注社会热点新闻，做到与时俱进；一边积极培养兴趣爱好，让自己的生活变得愈发丰富多彩。

男人婚后不要忽略妻子和孩子

很多男人忽略家庭时，总以这句话作为借口："当我搬起砖头的时候，我无法拥抱你；当我放下砖头的时候，我无法养活你。"看似无奈，其实是个伪命题。他们总说家庭才是第一位，可是到了必要的时候他们还是会不顾一切地牺牲家庭来成全事业。

正因现代社会极其推崇个人能力，才让他们本末倒置地认为：只有金钱、权势、名誉、地位才最值得追求。实际上，相对于赚钱能力来说，一个已婚男人对家庭的担当，对感情世界的高度自律，对妻子、孩子贴心的爱意、坚守与关注，才是最值得赞叹的品质。

崔振荣和妻子于珍结婚十余年来，一直保持着繁忙的工作状态。面对妻子的抱怨，他却振振有词道："你得支持我的事业，我赚钱养家，买房买车，努力给你和孩子最好的生活，我有什么错？"听到这些话，于珍虽然感到憋屈却也无言以对。

有一次，儿子在学校闯了祸。崔振荣接到老师的电话，火急火燎地赶到学校。于珍早已等候在那里，他一见到妻子，就劈头盖脸地骂道："你是怎么教育孩子的？"

于珍满腹委屈，与崔振荣吵了起来："你心里只有工作，还有这个家吗？孩子成长过程中，你陪他过过几个生日？"崔振荣刚想说什么，孩子的班主任却批评他道："崔先生，您妻子的话说得没错。这次我特意打电话让您来一趟，就是想告诉您，教育孩子是夫妻双方的责任。"

崔振荣讪讪地点点头。回家后，于珍将这么多年的委屈一股脑儿倾吐出来："这些年你越来越不顾家了，最让我难受的是，你和你的那些女性客户朋友走得太近了，虽然我知道你是为了拓宽事业，但是也要有个分寸……"崔振荣反复思考着妻子的话，默默无言。

很多男人认为，自己在外打拼事业，是为了给家人带来更好的生活条件，所以顾不上家庭也是情有可原。

可事实却并不是这样的，家庭与事业最理想的状态是互相铺垫，彼此成全，为何非得闹到顾此失彼的地步呢？不要将这视为一项选择题。纵观成功人士们的事业观、家庭观，你会发现：他们越成功就越顾家，或者说，顾家的人才有更多机会去走向成功。

一个无论贫困或富贵、顺境或逆境，始终坚守心中信念，将对妻子、孩子的呵护与眷念视为生命中最重要责任的男人，通常有更大的可能改变命运。

只因他们比一般人更自律，面对金钱陷阱、情感诱惑更容易把守得住内心的底线；他们比常人更顽强，哪怕前方山高路远困难重重，也能直起腰板，以一己之力扛起家庭重担。

反之，那些为了打拼事业而将家庭抛到脑后的男人却粗心至极。他们总认为职场才是属于自己的唯一战场，在他们看来，满足了家人的物质需求就是对家人最大的关爱。

他们自动缺席了孩子的成长过程，将与家庭有关的一切琐事都推给妻子，美其名曰"赚钱养家"，实际上是想做个甩手掌柜。这样的日子过久了，他们与妻子的步伐越来越难以一致，精神世界也渐行渐远。这无疑是为家庭的稳定埋下了隐患。

当心中关于家庭的信仰慢慢淡化后，他们还剩下多少自律去抵抗外界灯红酒绿的奢靡风光？纵使你牺牲家庭去换取工作上的成绩，一时的满足后，剩下的却是无尽的空虚与遗憾。只因家始终是你前进路上坚实的后盾，顾此失彼，是最愚蠢的行为。

所以说，一个真正成熟、有修养的男人，不单单要在事业上有所成就，更重要的是他能担当起丈夫的责任，扮演好父亲的角色，给亲人一分踏实安心，给爱人一分幸福从容。

一个真正成熟、洁身自好的男人，必定懂得自我约束，始终坚守感情上的自律，这是家庭安稳、婚姻幸福的前提与保证。

　　吴晨作为一家上市公司的总经理，照理说应该会很忙，但是他却极力推掉很多不必要的应酬，尽量一下班就赶回家，陪妻子逛菜市场，买菜做饭。每晚睡觉前，他都会抽出半个小时的时间给女儿读一段名著故事，哄她睡觉。

　　到了周末，吴晨会不时抽出时间来陪伴家人。他总是开车带着妻子、女儿去郊外踏青，一家人其乐融融，直玩到傍晚才回家。他的手机里从来不存陌生女性的号码，有什么应酬活动也会主动和妻子报备去向。朋友们都笑话他是"妻管严"，吴晨却义正词严道："和异性保持距离理所当然，而且我努力工作是为了让家人过上好日子。要是忽略了家庭，岂不是得不偿失？"

　　模范丈夫的首要条件是鲜明强烈的家庭观念，而自律又顾家的男人一般事业运都不会太差。对家庭专一、坚守底线的男人，对事业必然会全心全力，既懂得尊重别人的付出，又清楚自己在公司中的定位、责任与担当。

　　顾家的男人像是一棵稳重的大树，不断从和谐温馨的家庭氛围中汲取着营养，他们的事业之路也会因此而越走越顺利，人生也会变得越来越幸福灿烂。

第十章

健康，为未来奠定坚固的基石

健康是"1"，其余都是"0"

对于个人来说，健康究竟意味着什么？有人说，如果健康是"1"，那么人生中其他东西都是"0"。"1"倒了，所有的"0"都会瞬间倾塌，变得毫无意义。

失去了健康的身体，你向往的金钱、地位、家庭、事业都随之化为烟云；你想要的未来瞬间变成水中破碎的倒影。那么健康从何而来？怎样才能保持身体的最佳状态？这一切都依赖于你自律、有序的生活习惯。

陈健今年刚过28岁，便挺起了啤酒肚，眼神也变得越来越浑浊。与此同时，他的妻子沈茜却极度瘦弱，头发枯黄，总是一脸营养不良的样子。

熟悉这对夫妻的人都知道，几年前两人从单位辞职，开了家淘宝店，生意不好不坏，两人的生活却发生了翻天覆地的变化。他们长期过着昼夜颠倒的生活，饿了就点份大餐，吃到肚皮圆滚滚。忙起来却顾不上吃饭，沈茜就曾有过二三天粒米未进的经历。

每当朋友劝他们尽量调整作息，规律生活的时候，他们却不以为然地说自己又不是七老八十的人，眼下最重要的是挣钱。

到了年尾，陈健和沈茜竟一先一后地病倒，接连在医院里住了一个多月才缓过来。经过检查，陈健患上了脂肪肝、高血压，沈茜则患上了严重的胃溃疡。面对医生的警告，两人后悔不已……

陈健和沈茜为他们极其不健康的生活习惯付出了惨痛的代价，而这样的人在生活中比比皆是。多少女孩一边敷着昂贵的面膜，一边长年累月地熬着夜；多少人闲置了一张又一张的健身卡，虽时不时鼓起运动的决心，却早已忘了运动的滋味。

现代人仿佛集体陷入了病态的生活习惯中，生活变得越来越忙碌、无规律。工作之余，很多人只想大口大口灌着冰啤酒，躺在沙发上看球、追剧。好不容易关上了电视，他们又抱起了手机。大睁着熊猫眼，困倦地盯着屏幕的样子成了他们的常态。

也许你也曾有过这样的体验：早晨起来站在镜子前凝视着自己浮肿的面孔和粗糙的皮肤，心中涌起一阵悔意。遗憾的是，这悔意与警觉一闪而过。有的人自救的方法是立马为手机换一张绿意森森的屏幕，仿佛这样就隔绝了辐射，保障了健康。

其实，深谙健康常识的人大有人在，但很少有人能恪守自律精神。明知早睡早起身体好，却忍不住一次又一次地熬到深夜；明知适量运动能增强体力，让自己变得更有活力，却始终无法改掉"能躺着就不坐着，能坐着就不站着"的坏习惯。

你毫无节制的行为为未来埋下了太多隐患。要知道只有懂得自律，懂得适可而止，你的健康才有保障，你的生活才会一改糟乱、无秩序的现状，变得积极、明媚起来。

健康大于一切，为此，你需要做到以下几点：

一、调整作息，让生活变得井然有序。很多白领的忙碌都是自己一手造成的，其实，只要他们能够利用好上班时间，有条不紊地处理完手头事务，不至于一次次加班至深夜。自律的正确姿势一定是该努力的时候抓紧每一分钟，该休息的时候放下一切娱乐去休息。

二、从沉郁的心境中跳出，确保每天都有好心情。人生经验丰富的老人总会教导年轻人：老是郁郁寡欢等于在给自己吃毒药，健康迟早要出问题。保持良好的精神状态是十分重要的事情，若你正在为未来过分担忧，尝试着跳出忧郁的心境，努力让自己快乐起来。

三、养成定期进行健康体检的习惯。很多人对自己的身体不够关注，总是不舒服了才想起去医院检查。其实很多疾病在早期是毫无症状的，一时大意有可能失去最佳治疗时机。

体检除了可以发现一些隐藏的疾病外，还会将身体的健康状态一览无遗地展现在你的面前，让你清楚地认识到自己的生活方式有多不健康。这样你就能及时做出调整与改变。

强健的体魄是干事业的本钱

将生活视为一个天平，如果天平的一端放的是健康的体魄，另一端放的是我们梦寐以求的事业，无论哪一端过重或过轻，都会让我们的生活质量大大降低。

唯有自律，才能保持两者之间的平衡。既能让你逐步享受到事业成功的滋味，又能保障你的身体处于健康的状态中，始终充满活力。

李芮涵在一家影视公司工作，有一天晚上她在单位里加班至深夜。当芮涵起身准备去卫生间的时候，一阵头昏突如其来，她眼前一黑便人事不知。

等到她醒来的时候，已经是第二天的中午了。映入眼帘的，是母亲焦虑的面庞。原来那晚她骤然昏倒的时候，吓坏了同事。众人连忙拨打120急救电话，将她连夜送去了医院。

父母接到通知后，第一时间从邻市赶来，守候在她身边。这时候，见芮涵恢复了意识，父亲连忙叫来了医生。医生问了几个常规问题，随后严肃道："你们年轻人工作压力大，加班是常有的事，但一定记得要保护好身体健康，身体底子再好也经不起折腾啊！"

芮涵感到一阵委屈，说："可是不拼的话，怎么会有未来？"

医生慢慢道："工作当然要努力，但也不能忽略了健康。你要是病倒了，你的父母谁来照顾？你的事业还能继续下去吗？"

生活中，几乎所有的人都在追求着辉煌的事业和不菲的财富，甚至有人固执地用健康去交换。殊不知，健康一旦无法保障，除了要遭受身心折磨外，事业也将难以为继，乃至你多年积攒的积蓄都只能拱手送往医院。

这个道理很多人都明白，可是当事业心、功名欲越发膨胀的时候，他们往往会将失去健康所要付出的代价选择性地遗忘。

我们身边从不缺乏这样的人：为了工作付出所有的时间和精力，恨不得"鞠躬尽瘁，死而后已"。为了在繁华的都市里扎下脚跟，他们将身体的不适完全抛到了脑后，要不一杯接一杯地灌着黑咖啡，要不急匆匆地穿梭在高楼大厦间，连等电梯的时间都觉得是浪费。

他们在追逐理想和怠慢健康之间摇摆不定，直至天平完全偏向了前者。偶尔听到"过劳死"的新闻，他们心中也曾闪过淡淡的担忧。于是将起床闹钟从凌晨5点调整到凌晨5点半，再安慰自己"我这么年轻，那些不幸的事没理由发生在我身上"。

如果健康危机还没有引起你足够的重视，不妨看看这些数据：超过70%的白领存在着"过劳死"的危险；每一天都有超过10000人确诊癌症；国内每年猝死人口超过55万；国内青年近视率世界排名第一；慢性病患者逐年攀升，占死亡人口的86.8%……

这些血淋淋的数据就在我们身边。然而，遗憾的是，人们总是等到出了事才慨然喟叹，后悔不已，平日生活中却很少有人将健康问题放在第一位。

稻盛和夫总结的成功公式是："成功=能力×热情×思维方式。"他说，健康的体魄在所谓的能力中占据着极其重要的位置。若将能力视为大厦，强健的体魄就是地基。身体垮了，上面的一切都会摇摇欲坠，迟早散架、坍塌。

更重要的是，一旦健康离你而去，你的意志力早晚粉碎坍塌。只因病人是世界上痛苦的群体之一，长期处于身心折磨下，他们只会变得越来越脆弱。当健康、自信、意志力都在面临全方位的挑战的时候，你拿什么去拼事业？

朱昌武经常对自己公司的员工提起这个故事：在浩瀚的海洋中，很多鱼的身上长着鱼鳔，有了它，鱼们才能自如遨游。可鲨鱼的身体结构却与别的鱼不同，它没有鱼鳔，按理说，鲨鱼根本无法在海底下生存。为了活下来，鲨鱼只能不停地游来游去，直至拥有了一副强健的体魄，慢慢成为海底世界中令人闻风丧胆的霸主。

曾有员工问这个故事有什么特殊含义，朱昌武微微一笑说："鲨鱼为什么能奠定霸主地位？正因它毫不放松的意志力让它练就了数一数二的体魄，这是它'事业'崛起的本钱。城市好比海洋，很多年轻人资历不够，文凭也拿不出手，如何成功？首先得保证你有强健的体魄，再慢慢练就属于你的'鱼鳔'。"

人们为了获得能让自己活下去的"鱼鳔"，做出的第一选择是牺牲时间、体力和健康。可是拥有强健的身体，也是对自己的一种投资。只因在人生的战斗中，能否笑到最后，就在于你能否一直将良好的身心状态保持到最后。

如果你想获得事业的成功，首先得爱惜自己的身体，保持自己的体力和精力。记住，一旦你的健康受到了威胁，成功的可能性也随之降低。

别再懒了，尽情享受运动的快乐

"动"与"不动"能对一个人的心情产生决定性的影响。享受运动的人一般都喜欢亲近自然，有着乐观活泼的性格。而讨厌运动的人一般更容易心情压抑，总是郁郁寡欢。

运动能够带来的快乐纯粹而简单，这正彰显了自律的本色。所谓自律，无非是恪守一定的规则，对自己有所要求。你若是任由自己待下去，只会变得越来越懒；你若积极地动起来，却能逐渐享受到运动和自律的快乐。

王嘉嘉是一个体重严重超标的胖女孩。为了减肥，她走过不少弯路，还曾因为误食"三无"减肥产品被送到医院洗胃。在父母的劝告下，她终于走上了正确的减肥之路——运动。

她选择的运动方式是瑜伽。当她第一次走进瑜伽会馆的时候，心中其实并未抱有太大的希望。一年后，嘉嘉几乎蜕变成另一个人。她的瑜伽教练是一个柔美的女生，总是轻言细语地纠正着嘉嘉的错误动作，帮助她重塑信心。

一开始，嘉嘉能够感受到的只有痛苦，丝毫体会不到瑜伽的魅力。当她费力地摆出一个姿势时，只觉得镜子里的自己丑陋无比。幸好教练不断地安慰着她，耐心地陪伴她度过了最艰难的时光。不知从哪一天起，嘉嘉听到那舒缓的音乐的时候，心中弥漫着一阵欣慰，快乐的感觉一点点占据了她的脑海……

一年后的嘉嘉，成功减去了30斤的体重，变得自信而开朗。如今的她，一天不做瑜伽就觉得浑身都不舒服。当她将自律意识变成一种行为准则的时候，快乐从此与她形影不离。

诗人卢梭断定："身体虚弱，它将永远无法培养有活力的灵魂和智慧。"而达·芬奇说："运动是一切生命的源泉。"运动能带给你健康，带给你自信，带给你快乐，更教会了你一个重要的道理：唯有努力，唯有自律，才能收获梦想中的身材，享受到最纯粹的快乐。

运动后大汗淋漓的畅快感是人生中美妙、难得的体验之一，当你将它变为自我悦纳的一件乐事之后，你再也不会觉得坚持运动需要动用天大的意志力。运动能带给你的是从身体到心态的全方位的改变，它更是一种门槛最低、性价比最高的悦己行为。

之所以说运动能带来快乐，是有科学依据的。首先，运动能帮助我们减轻压力，增加人的心理韧性。医生在面对情绪疾病患者的时候，总会给出一个建议——少想多运动。有人曾为此做过具体的实验：将一次性身体活动持续半小时，可产生愉悦心理。

这是因为一旦你动起来，大脑会释放"内啡肽"及一种名为"脑源性神经营养因子"的物质，前者会带来某种兴奋作用，类似于尼古丁；后者能保护和修复记忆神经元。这是我们运动完后总会觉得一身轻松，心情格外愉悦的原因。

其次，运动能改善大脑功能，提高你的反应能力。"四肢发达，头脑简单"是对运动员最大的误解，实际上，优秀的运动员大多聪明机警，有着普通人难以匹敌的极速反应能力。

长期运动，可以让你的神经系统发育得越发强健，同时让你的大脑变得更灵活，想象能力也得以提高。也就是说，运动能让你的大脑变得像你的身材一样迷人。

很多人便是从运动开始，一点点重塑自律的品性和自信的三观，最终一驱人生中的暴雨愁云，迎来了欢乐与阳光。是运动，帮助他们实现了人生的大逆转。

运动的种种好处不必赘述，下面向读者介绍一些常见的、容易坚持的运动方式：

一、散步或者快步走。散步是一种调节心情、缓解压力的好方法，而快走更是一种有氧运动。对于老人或者运动新手来说，养成散步、快走的习惯是十分有益的。某研究数据表明，将这种简单的、低强度的运动长期坚持下去的人罹患抑郁症的风险会更低。

二、跑步。跑步被称为简单有效的运动方式之一。只要穿上舒适的跑鞋，你便能轻松开启一段健康之旅。规律性的跑步能让你的心、肺功能大大提高，推迟骨骼老化的速度，改善你的睡眠质量。很多人就是从跑步开始彻底地爱上了运动。

三、爬山。爬山堪称最古老、最和谐的运动。古人将登山望远视为人生乐事，对于现代人来说，暂时远离繁华闹市，去郊外踏青、爬山，不失为一种最佳的运动方式。

从山脚至山顶，是一段辛苦而又惬意的旅程。耳边回荡着鸟鸣，目之所见都是一片青翠，连胸腔中呼出的气息都带着大自然的清新，这种感受实在是太美妙了。

坚持健身，锻炼意志力

长期的、规律性的健身运动不仅能带给你健硕的肌肉、匀称的身材，还能让你的精神面貌焕然一新。更重要的是，健身是一种意志的磨炼，更是一种生命的体验。

很多人尝试过各种各样的健身方法，跑步、游泳、登山、练形体操等，每次下决心运动前，都会信心满满地购足全套的运动装备，办昂贵的健身卡，请名气最大的私人教练，订科学合理的健身餐，但最后往往只能迎来一个结局：无疾而终。

他们给出的理由有很多：实在是太累了；迟迟看不到预期中的效果；没时间……说来说去，话题最终会回归于一个关键词上：意志。缺乏意志力，成为他们失败的最大原因。

这实际上是一种误解，只因健身与意志力的关系反而与大多数人的认知不同。健身固然离不开意志力，却也是增强意志力的一个有效途径。简而言之，普通人若想要磨炼意志力，想要真正领略自律的滋味，就去将健身运动日复一日地坚持下去吧。

为何说健身反而能够锻炼意志力？首先，健身的难度可以逐级增加，也就是说，它是一件完成度较高的事情。相对于大脑活动来说，健身运动其实更容易坚持。比如说，你规定好一天做十个俯卧撑，十个卧推，无论最后能不能如数完成，都做完一个是一个。

而很多大脑活动都没有明确的标准和定数，拿写作来说，无论完成度如何，心里总有遗憾的地方，作品也总是存在着进一步优化的空间。当你利用运动器材，按照自身能够承受的强度完成指定动作后，成就感会因"完整地完成了一件事情"而逐级增强。

其次，健身反馈明显，这对人的意志力会造成强烈的刺激。现代人巴不得上一秒付出努力，下一秒就要获得回报。虽然健身也是一件只有长期坚持才能有所收获的事情，但它的反馈却比一般活动要明显得多。

无论你的动作是否标准，姿势是否专业，只要你扎扎实实地跑了十分钟，练了十分钟的有氧搏击，心跳立马加速起来，额上也会沁出汗水。

每次锻炼之后肌肉的酸疼感都无比真实，它为你下一次的健身运动做好了铺垫，你会慢慢爱上这种感觉。你逐渐收紧的皮肤、越来越结实的小腿都在给大脑发射出强烈的信号，当你自信心持续高涨的时候，你的意志力将在无形中得到提升。

2006年，两位澳大利亚学者针对健身与意志力的关系做了一项实验，他们招来20多个成年人，年龄分布在18至50岁之间。学者给他们制订了一项为期8周的健身训练计划。实验期间，这些人必须改变以往不良的生活习惯，强迫自己去健身房完成锻炼。

两个月后学者检查发现，这些人的身材变得修长、健硕，而其生活方面的坏习惯也得到了抑制和改善。两名学者最终得出结论：当人们在生活的某一方面的意志力得以增强的时候，这种意志力最终会影响生活的其他方面。所以说，长期的健身足以练就强大意志力。

美国小伙扎克·蔡勒15岁时极其瘦弱，体重几乎不到40公斤。父母带着他前往医院检查之后，一个晴天霹雳传来，扎克居然罹患上霍奇金淋巴瘤。

扎克无法接受这个事实，变得越来越消沉虚弱。看到扎克愁眉不展的样子，父母心都碎了。接受化疗后，扎克整日躺在病床上，蒙着被子，不愿意和任何人交流。医生一度下达病危通知。有一天，扎克看着镜子里羸弱不堪的自己，突然决定要振作起来。

趁着身体好一点儿的时候，扎克抱着试一试的心态走进了健身房。而当他接触到健身的那一天起，他的人生彻底走向了光明。一开始，扎克只能做一些强度很小的训练。每次运动完抹去额上汗水的时候，他心里涌上一股久违的欢喜与满足感。

他不断地学习、总结着健身经验，一点点增强训练强度和重量。两年过去后，他的外貌发生了巨大的改变，体重增长至70多公斤，身材的线条变得极具美感。更神奇的是，他的病情也得到了控制，身体情况趋向稳定。

很多人都曾抱怨说自己天生意志力差，根本没办法改善。扎克的经历告诉我们，健身无疑是锻炼意志力的最佳方法。持续锻炼带来的信心与成就感是推动人生前进的催化剂。当你做到了对自己身体都自如掌控的时候，还有什么能难得倒你呢？

合理饮食，无节制的饮食会有损健康

　　国学中，节制精神一直被视为极其重要的美德。有国学大师称之为"正道"。然而，在物质极其丰富的当今社会，吃货们大行其道，各种美酒佳肴持续散发出普通人难以抵挡的致命诱惑。可是，无节制的饮食迟早会对人们的身心造成损伤。

　　自律的人，首先要做到牢牢压制住自己的口腹之欲。每个人的饮食都有定量，胡吃海塞既是对粮食的浪费，也会对你的胃造成极大的负担，最终影响你的身体健康。

　　王娜失恋后，突然染上了暴饮暴食的恶习。到了下班时间，她就直奔超市买一大堆零食。回家后王娜将自己关在屋子里，一边看着无聊的肥皂剧，一边大口咀嚼着各种膨化食品。这样的日子持续了半年后，她足足胖了30斤，跟变了个人似的。

　　原本王娜是个很勤快的人，现在却变得很邋遢，屋子里经常弥漫着一股食物的腐烂味。

　　以往的她开朗爱笑，自从胖了后，她却心生自卑，总是一个人待在角落里，很少主动去认识新朋友。以前她对未来有很多规划，现在却常常觉得失意、悲哀，对什么都失去了兴趣。

　　更可怕的是，随着她胃口越来越大，对食物的渴求一天比一天强烈，她的身体也出现了各种毛病。经常性的胃痛胃胀，闹得她痛苦无比。

　　那一天，王娜胃不舒服准备去药店买药的时候，突然碰到了前男友。只见他搂着一个纤瘦、清秀的女孩迎面走来，瞧见了王娜后，前男友吃惊地瞪大了眼睛，王娜感到无地自容。回家后她大哭一场，将所有零食都扔进了垃圾袋……

在这个食欲横流的时代，下定决心要过自律人生的人所面临的第一个挑战就是美食。饮食不节制，哪怕你吃的原本是有益健康的食物，也会对你的身体造成损害。

更严重的是，这种恶习得不到克制，只会愈演愈烈，直至搅乱你的人生节奏，让你变得"面目全非"起来。《健康改革者》一书就曾点明："佳肴盛宴，在不适当的时候将食物纳进胃中，危及身体的每一根纤维，头脑也受到饮食的严重影响。"

我们身边关于贪吃、厌食的话题出现的频率越来越高，暴饮暴食导致的进食障碍症几乎成了社会流行病。这一切的源头都来自无节制饮食。殊不知，《圣经》中将贪食视为严重的罪恶，而贪食者唯一拯救自己的办法就是通过自律养成节制的习惯。

暴饮暴食应该摒弃，饮食有节才是真理。这要求我们既不能随意放纵欲望，同时也要讲究饮食的科学和方法。关于合理饮食，需要注意的点如下：

一、多吃无益，八分饱足以。首先，你要对自身营养代谢状况有全面的了解，在此基础上对各种食物进行取舍，撤除不合理的膳食习惯，及时补充身体所需营养。

其次，吃得过饱不但会对胃肠造成负担，还会加速大脑衰老，诱发各种疾病。对于现代人来说，想要活得长寿，就得彻底改变以往胡吃海塞的坏习惯，每顿保持七八分饱。

1.为了减少食欲，可以饭前喝汤。汤能迅速抵消饥饿感，让你的饭量骤减。

2.吃得差不多了，迅速放下筷子或者离开餐桌。很多人吃饭的时候习惯了"筷不离手"，哪怕肚皮撑得早已滚圆，却还是不停地往嘴里塞着食物。越是这个时候越不能放纵自己，记住，要不及时放下筷子，或者干脆离开餐桌，你只能二选一。

3.细嚼慢咽，在条件允许的情况下拉长吃饭的时间。你将食物咀嚼得越细碎，越有助于消化，大脑中"饱"的感觉也会越来越强烈，你对食物的渴望将随之降低。

4.别以怕浪费作为借口。有些人看到饭菜剩下，立马拿起筷子想要将它们"一网打尽"。这是很不好的习惯。如果你真的怕浪费，饭前就不该点那么多。

二、制订科学合理的膳食计划，使其比例适当。有的人虽然吃得多，看起来胖胖壮壮，身体却很差。那是因为他们长期偏好一种或某几种食物，忽略了摄入其他营养。要知道，只有合理搭配饮食，每天都能保障摄入多样化的食物，才能满足人体需要。

1.不要抗拒粗粮，只吃精米白面。细粮口感虽好，却不能代替粗粮的功效。只有将粗粮和细粮合理搭配起来，才能全面收获营养。

2.主副食按一定比例搭配。富含丰富的碳水化合物的粮食一般被称为主食，为人体提供主要的热能。摄入主食后，也别忘了利用肉类鱼蛋等副食来补充蛋白质、维生素等营养。

3.根据季节变化来调整饮食比例，各做增减。夏季天气炎热，人们流汗较多，平时应多注意盐分的摄入。如若食欲不振，可用酸味食品来提高食欲。到了秋季，人们素有"贴秋膘"的说法，可在饭菜中适当增加油脂含量，多摄入各种肉类食品。

彻底戒掉对烟酒的依赖心理

古希腊哲学家泰勒斯说："向别人提意见是最容易的事，管理好自己是最难的事。"只有善于管理好自己的人，才有可能在人生的跑道上胜出。

想要管理好自己，先从生活习惯开始做起，第一就是要彻底戒掉对烟酒的依赖心理。"吸烟酗酒，危害健康"几乎是人人的共识，然而我们身边能够成功戒烟戒酒的人却少之又少。

只有拥有顽强的意志力，才能将"烟酒依赖症"彻底赶出自己的人生。在这个过程中，你自控的决心和信心但凡少了一丁点，都会造成功亏一篑的结局。

春节假期中，周翔因为重度酒精中毒被送去了医院。8岁的女儿静静特意写了一封信让周翔妻子带去了医院。信中，静静一直在劝爸爸戒烟戒酒，希望他能够以自己的身体、以家庭为重。躺在病床上的周翔仔细读着这封信，热泪慢慢涌出了眼眶。

瞧着女儿工整而又稚嫩的笔迹，周翔暗暗发誓，一定要彻底戒掉抽烟酗酒的恶习。出院后，生活渐渐恢复了平静。周翔整整坚持了三个月远离烟酒的生活。面对妻子和女儿的夸奖，他信心越发高涨，只觉得自己离成功越来越近。

然而那一天上班前，他不知怎的竟鬼使神差地绕去了吸烟区。瞧着同事一个个吞云吐雾的样子，周翔的"烟虫"彻底被唤醒。他犹豫着接过了同事递给他的一根烟，贪婪地吸了起来。让他没想到的是，小小一根烟彻底打破了他的自信心。

当天晚上，周翔就偷偷喝起了酒。没过半个月，他又恢复了以前的生活……

人们之所以喜欢抽烟，多是为了舒缓心情，让精神放松下来。抽得久了，就形成了一种"心瘾"。酗酒也是一样，对有些人来说，酒精带来的晕眩似乎能够填满空虚的心境。

这就是烟瘾酒瘾不容易戒掉的原因。只有坚持走过漫长的过程，才能保证最终效果。如果你的意志力稍微脆弱一点，在中途偶尔犯下越界行为，心理防线立时便会坍塌，你只能无奈地接受这又一次的惨败。有些人甚至抽得比以往更频繁，喝得比以往更"凶残"。

那么，为什么有些人就能够成功呢？那是因为他们在生活的实践中摸索出了各种各样的方法，来保障自控力不在中途被破坏。具体可参考以下几点：

一、对烟酒的危害认识得足够清楚、彻底。有些人会主动去网络上收集烟酒损害健康的案例、图片，或者向身边人打听"吸烟治癌"之类的实例，他们对细节了解得越清楚，反省得就越深刻。这能帮助他们坚定戒烟戒酒的决心。

二、尽量避免进入烟酒环境，寻求家人、朋友的监督和帮助。环境能同化你的行为，削弱你的意志力。如果你真的想远离烟酒，首先做到远离烟酒环境。扔掉你的打火机、空酒瓶，不去吸烟区，尽量减少与烟民、酒精爱好者们接触的机会，减少宴席数次。

有时候，单靠你一个人是无法做到彻底抗拒烟酒环境的，不如向家人朋友们寻求帮助。有了他们的一臂之力，你成功的概率就会增加。

三、犯了烟瘾、酒瘾，再忍一会儿，将等待的时间推迟。如果你坚持的时间一次比一次长，就是意志的胜利。用这种方法来磨炼自己的耐性，总有一天，你会彻底战胜心瘾。

四、善用系统脱敏疗法，别因一时犯规而丧失信心。哪怕性格再坚毅的人一时半会儿也无法彻底改掉不良习惯，不妨将与心瘾做斗争的过程拉长，认识到你打的是一场持久战。

每天都定下清晰的指标，让自己抽烟、喝酒的次数逐渐减少，直至杜绝。若指标完成顺利，给予自己一定的奖励来巩固效果，增强信心。如果中途出现犯规行为，及时止损，并重塑信心从头开始，千万不要因此而重蹈覆辙。

五、转移注意力，找出能代替烟、酒的精神寄托。烟酒成瘾主要是因为形成了精神依赖，类似于美食带来的满足感。为了抵消戒烟、戒酒过程中那种空落落的感觉，开始的时候你可以多吃点新鲜水果，或者嚼口香糖来代替。

之后，你可以将注意力转移到其他更有意义的事情上，挖掘、发展出更多的兴趣爱好。

毒品，永不触碰的雷区

毒品是人类社会的危害，而吸毒行为则是犯罪的祸根。它能毁了个人的身体健康和精神意志，让温馨的家庭一夕间支离破碎，甚至能断送掉国家、社会的未来。

一个洁身自好的人必须坚定地站在毒品的对立面，努力发挥自律的榜样作用，勇敢地承担起对家人、对国家、对社会的责任。

高朗原本是一个十分聪明上进的人，多年前他从大学毕业后一路拼搏奋斗，终于小有成就，创办了一家小小的公司。手头宽裕之后，高朗身边渐渐多了些狐朋狗友，尽管妻子曾多次委婉提醒，高朗却始终无法看清那些所谓"朋友"的真面目。

那些朋友逐渐将他引入酗酒、赌博的不归路，最后高朗甚至染上了毒品。公司迅速倒闭，妻子也忍受不了，带着儿子毅然离开了他。高朗无数次发誓要戒掉毒品，却又不断复吸，变得越来越颓丧落魄。父母干脆与他断绝了关系，兄弟姐妹也拒绝与他来往。如今的他刚过40岁，原本正是风华正茂的年纪，可老同学们却大多认不出他来。只因他顶着一头灰白发，面色枯黄，身形佝偻，仿佛被毒品吸去了整个灵魂……

吸毒的人无疑是在自毁前程。对于毒品，任何时候都不能掉以轻心。一个身体健壮、才华横溢的年轻人，只要沾上了毒品，定会赔上原本出色精彩的一生。

请时刻谨记这条准则：永远不要试图考验自己的自制力。任何一个瘾君子吸毒之前都会过分自信于自己的自控能力，轻视毒品的危害。就像一个贪官，在堕落之初总认为自己可以及时收手，谁料胃口越来越大，直至将前途完全葬送。

毒品也是一样，你要保证尽一切可能去远离它，而不要去挑战它，妄图征服它。否则只能迎来一副冰冷的手铐，一个破碎的家庭和失去理智的你自己。

世界范围内，每年会有超过50万人因毒品而丧生，其中20至30岁的青年男女占据绝大部分比例。只因毒品极易成瘾，它可能会引发包括心律失常、急性肾功能衰竭、精神疾病、肝炎、肺结核等一系列疾病及并发症。

毒品除了能掏空你的身体健康外，更可怕的是它会剥夺你做人的尊严，将你和你身边的人一再逼上绝路。普通人唯有自律，远离毒品这个恶魔，才能避免这种种惨痛的后果。

平日生活中，我们尤其得注意以下几点：

一、秉持正确的人生观、价值观，不断丰富自己的精神世界。很多人之所以走上吸毒的不归路，是因为他们的精神世界太过贫乏、空虚，所以选择用毒品来麻醉自己，逃避现实。

而一个精神世界强大、丰富，三观过硬的人会不断加筑自我心理防线，彻底断绝接触毒品的渠道和机会，让毒品始终远离自己的生活。

二、拒绝陌生人的无端示好，如无必要，尽量少去娱乐场所。翻看真实案例，你会痛心地发现，很多青少年都是因为去酒吧歌厅游玩的时候，受了陌生人的蛊惑而染上了毒瘾。

周遭的环境越复杂，你越要留个心眼儿，坚决拒绝陌生人或者所谓的熟人递过来的香烟、饮料。如果有人向你描述吸毒的快感，鼓吹吸毒的好处，或者以"吸毒可以减肥"的说法来引起你的兴趣，一定要提高警惕，及时抽身而出。记住，行错一步就是万劫不复。

三、不与吸毒者为伍。很多人在交友之时没有防备之心，很容易受人蛊惑，将损友当作了知心好友。如果你发现所交之人有不良嗜好，或者亲戚朋友中有人存在吸毒行为，一定要坚定底线和立场，主动远离他们，以免被拉入浑水。

四、好奇害死猫，别因一时的好奇而走上毁灭之路。毒品形式多种多样，每一种都会对你的身体及人生造成难以挽回的影响。很多年轻人好奇心强，自制力又差，面对毒品的诱惑做不到坚决抵抗。

他们虽然明知毒品的危害，却仍然希望可以从中体验到不一样的刺激。殊不知，堕落之路一旦开始，便再也无法回头。

五、不小心与毒品沾上了关系，立马联系专业人员，或者去戒毒所寻求帮助。有些年轻人因别人不怀好意的坑害而误食毒品，他们羞于将此事告知家人、朋友，只得自己默默承受。其实，这是种错误示范。

你要清楚这时候你的意志力是最脆弱的，错了第一次，就可能错第二次。你应该做的，是第一时间寻求专业人士的帮助，有了他们的干预，你才有走出深渊的希望。